BUKU MASAKAN PEPPERONI LENGKAP

Meneroka Dunia Pedas Ciptaan Pepperoni melalui 100 Resipi

Mohamad Hj Hermansah bin Radzi Aiman

Bahan Hak Cipta ©2023

Hak cipta terpelihara

Tiada bahagian buku ini boleh digunakan atau dihantar dalam apa jua bentuk atau dengan apa cara sekalipun tanpa kebenaran bertulis yang sewajarnya daripada penerbit dan pemilik hak cipta, kecuali petikan ringkas yang digunakan dalam semakan. Buku ini tidak boleh dianggap sebagai pengganti nasihat perubatan, undang-undang atau profesional lain.

ISI KANDUNGAN

ISI KANDUNGAN 3
PENGENALAN 6
SARAPAN 7
   1. Pepperoni dan Mozzarella Cruffin 8
   2. Wafel pizza Itali 10
   3. Piza Croissant 12
   4. Croissant Lada Pedas 15
   5. Roti Piza Pull-Apart 17
   6. Dadar Lada dan Keju 19
   7. Burrito Sarapan Pepperoni 21
   8. Muffin Sarapan Lada dan Bayam 23
   9. Pepperoni dan Kentang Sarapan Hash 25
   10. Pepperoni dan Quesadilla Cendawan 27
   11. Pizza Sarapan Lada dan Telur 29
   12. Sandwich Sarapan Lada dan Tomato 31
   13. Biskut Sarapan Pepperoni dan Cheddar 33
   14. Bungkus Sarapan Pepperoni dan Avocado 35
   15. Pepperoni dan Kaserol Hash Brown 37
   16. Pepperoni dan Zucchini Sarapan Frittata 39
   17. Bagel Sarapan Lada dan Keju 41
KUDAPAN 43
   18. Kerepek lada 44
   19. Piza Panas Super dip 46
   20. Bom Bagel Sumbat Pizza 48
   21. Skon Piza Pepperoni 50
   22. Batang roti lada 52
   23. Roda Pin Pizza Ladang 54
   24. Piza Muffin Inggeris Pepperoni 56
   25. Carbquik Pepperoni Breadsticks 58
   26. Gulung Piza Cheesy 60
   27. Itali Pepperoni Roll-up 62
   28. Bom Jalapeno 64
   29. Cheesy Pizza Pinwheels 66
   30. Quesadillas Pantas & Unik 69
   31. Cheese Pepperoni Pizza Dip 71
   32. Ranch Pizza Pinwheels 73
   33. Cendawan Sumbat Lada dan Bayam 75
   34. Pepperoni, Provolone & Pecorino Pita 77
   35. Pepperoni dan Keju Kebob 79
   36. Pepperoni dan Keju Krim Roll-Up 81
   37. Gigitan Lada dan Zaitun 83

38. Pepperoni dan Cendawan Sumbat Sayur 85

PIZZA 87
39. Piza Putih Carbquik 88
40. Piza pepperoni basil taman 90
41. Piza Besi Tuang Hidangan Dalam 92
42. Piza ramen pepperoni palsu 95
43. Piza Lada dan Sayur 97
44. Piza BBQ Pepperoni dan Bacon 99
45. Pepperoni dan Pesto Pizza 101
46. Pizza Alfredo Pepperoni dan Cendawan 103
47. Piza Articok Lada dan Bayam 105
48. Pizza Roti Pipi Alfredo Pepperoni dan Ayam 107
49. Piza Cawan Microwave 109
50. Pizza Ayam Lada dan Kerbau 111
51. Pizza Mac Cheese 113
52. Pepperoni dan Pizza Mediterranean 115

PASTA 117
53. Bakar Pasta Lada dan Sosej 118
54. Lasagna Pepperoni 120
55. Kerang Sumbat Pepperoni dan Brokoli Alfredo 122
56. Pepperoni dan Ricotta Stuffed Shells 124
57. Rigatoni Bakar Pepperoni Cheesy 126
58. Pepperoni dan Tomato Penne Pasta 129
59. Pepperoni dan Brokoli Alfredo Linguine 131
60. Pepperoni dan Bayam Rigatoni dengan Marinara 133
61. Spaghetti Lada dan Cendawan Aglio e Olio 135
62. Pepperoni dan Tomato Kering Matahari Pesto Cavatappi 137
63. Tumis Mee Lada dan Zucchini 139
64. Pepperoni dan Fettuccine Lada Merah Panggang 141
65. Spaghetti Lemon Pepperoni dan Asparagus 143

KURSUS UTAMA 145
66. Pepperoni dan Roti Pipi Pesto Tomato Kering Matahari 146
67. Carbquik Pizza Casserole 148
68. Ayam Lada 151
69. Pepperoni dan Cendawan Calzone 153
70. Dada Ayam Sumbat Lada dan Bayam 155
71. Sup Pizza Dengan Roti Bakar Bawang Putih Crouton 157
72. Pepperoni dan Cumi Berkulit Tepung Jagung 159
73. Grill calzones 161
74. Bebola Daging Lada 163
75. Pepperoni dan Lada Loceng Sumbat Sayur 165
76. Pepperoni dan Stromboli Sayuran 167
77. Pepperoni dan Pesto Tortellini Bakar 169

SUP — 171
- 78. Pepperoni Pizza Chowder — 172
- 79. Cili Turki Rebus dengan Pepperoni — 174
- 80. Sup Keju Lada — 176
- 81. Sup Lada dan Tomato — 179
- 82. Sup Lada dan Kacang — 181
- 83. Pepperoni dan Kentang Chowder — 183
- 84. Sup Lada dan Lentil — 185
- 85. Sup Barli Lada dan Cendawan — 187
- 86. Sup Escarole Lada dan Kacang Putih — 189
- 87. Sup Pepperoni dan Tortellini — 191
- 88. Sup Orzo Lada dan Bayam — 193

SALAD — 195
- 89. Salad Tortellini — 196
- 90. Salad Wonton Antipasto — 198
- 91. Salad Lada dan Pasta — 200
- 92. Salad Pepperoni dan Caesar — 202
- 93. Salad Pepperoni dan Chickpea — 204
- 94. Salad Caprese Pepperoni dan Avocado — 206
- 95. Salad Pepperoni dan Quinoa — 208
- 96. Salad Strawberi Lada dan Bayam — 210
- 97. Salad Greek Pepperoni dan Chickpea — 212

PENJERAHAN — 214
- 98. Lada dan Kulit Coklat — 215
- 99. Maple Pepperoni Cupcakes — 217
- 100. Kek Pizza Pepperoni — 219

PENUTUP — 222

PENGENALAN

Selamat datang ke perjalanan mendesis ke dunia salah satu bahan yang paling disukai dan serba boleh dalam alam kulinari—pepperoni. Dalam "Buku Masakan Pepperoni Lengkap", kami menjemput anda untuk memulakan pengembaraan penuh rasa, menerokai ciptaan pedas, berperisa dan lazat yang boleh dibuat dengan daging diawet yang ikonik ini.

Pepperoni, dengan profilnya yang berani dan bersemangat, telah lama menjadi topping kegemaran untuk piza, tetapi buku masakan ini ada di sini untuk mempamerkan bahawa potensinya melangkaui kotak piza. Bersedia untuk kagum kerana kami mempersembahkan 100 resipi yang disusun dengan teliti yang menolak sempadan apa yang boleh dicapai dengan sosej berperisa ini. Daripada pembuka selera dan hidangan utama kepada snek dan juga pencuci mulut, kami menyelam jauh ke dalam dunia pedas pepperoni untuk mentakrifkan semula pengalaman masakan anda.

Sertai kami sambil kami membongkar rahsia membuat pepperoni buatan sendiri, temui cara inovatif untuk memasukkannya ke dalam hidangan anda dan raikan perisa perisa yang kaya yang dibawa oleh ramuan serba boleh ini. Sama ada anda seorang tukang masak yang berpengalaman atau tukang masak rumah yang ingin mencuba, "Buku Masakan Pepperoni Lengkap" ialah panduan anda untuk meningkatkan repertoir masakan anda.

Jadi, kencangkan apron anda, asah pisau anda, dan bersiap sedia untuk memulakan perjalanan kuliner yang diselitkan pepperoni yang akan menggoda selera anda dan membuatkan anda semakin mengidam.

SARAPAN PAGI

1. Pepperoni dan Mozzarella Cruffin

BAHAN-BAHAN:
- Doh croissant pra-dibuat
- Hiris pepperoni
- Keju mozzarella yang dicincang
- Sos tomato (untuk mencelup, pilihan)
- Oregano kering dan selasih (pilihan)

ARAHAN:
a) Panaskan ketuhar anda pada suhu yang disyorkan pada bungkusan doh croissant.
b) Canai doh croissant pada permukaan yang bersih, dan pisahkan kepada segi tiga atau segi empat tepat, bergantung pada jenis doh yang anda ada.
c) Pada setiap kepingan doh, lapiskan bahan-bahan berikut; hirisan pepperoni, keju mozzarella yang dicincang, dan taburan oregano kering dan selasih (jika mahu).
d) Gulungkan doh, bermula dari hujung yang lebih lebar, untuk membuat bentuk cruffin. Tutup tepi untuk mengelakkan isi daripada tumpah semasa membakar.
e) Letakkan cruffin yang telah disediakan di dalam loyang muffin atau di atas loyang yang dialas dengan kertas parchment.
f) Bakar dalam ketuhar yang telah dipanaskan untuk masa yang dinyatakan pada bungkusan doh croissant atau sehingga cruffin berwarna perang keemasan dan keju cair dan berbuih.
g) Jika suka, anda boleh menghidangkan Pepperoni dan Mozzarella Cruffins dengan sisi sos tomato untuk dicelup.

2.wafel pizza Itali

BAHAN-BAHAN:
- 4 biji telur
- 1 sudu teh Perasa Itali
- 4 sudu besar keju Parmesan
- 3 sudu besar Tepung Badam
- 1 sudu besar Minyak Bacon
- 1 sudu besar Serbuk Sekam Psyllium
- Garam dan Lada Secukup Rasa
- ½ cawan Sos Tomato
- 1 sudu teh Serbuk Penaik
- 3 auns Keju Cheddar
- 14 keping Pepperoni

ARAHAN:

a) Dalam bekas, satukan semua bahan, tidak termasuk sos tomato dan keju, menggunakan pengisar rendaman.

b) Panaskan seterika wafel anda dan tuang separuh adunan ke dalamnya.

c) Biarkan memasak selama beberapa minit.

d) Teratas setiap wafel dengan sos tomato dan keju.

e) Kemudian, dalam ketuhar, panggang selama 4 minit.

f) Tambah pepperoni di atasnya jika mahu.

3.Pizza Croissant

BAHAN-BAHAN:
- 1 helai puff pastry, dicairkan
- ½ cawan sos pizza
- ½ cawan keju mozzarella yang dicincang
- ¼ cawan hirisan pepperoni
- 1 biji telur, dipukul
- Perasa Itali, untuk taburan

ARAHAN:
a) Panaskan ketuhar pada suhu yang ditunjukkan pada bungkusan pastri puff, biasanya sekitar 375°F (190°C).
b) Pada permukaan yang ditaburkan sedikit tepung, buka lembaran pastri puff yang telah dicairkan dan gulungkan sedikit sehingga ketebalannya.
c) Menggunakan pisau atau pemotong pizza, potong pastri puff menjadi segi tiga. Anda harus mendapatkan sekitar 6-8 segi tiga, bergantung pada saiz yang anda suka.
d) Sapukan lapisan nipis sos pizza pada setiap segitiga pastri puff, meninggalkan sempadan kecil di sekeliling tepi.
e) Taburkan keju mozzarella yang dicincang di atas lapisan sos pizza pada setiap segi tiga.
f) Letakkan beberapa keping pepperoni di atas keju, agihkannya secara sama rata.
g) Bermula dari hujung yang lebih luas setiap segi tiga, gulungkan pastri dengan berhati-hati ke arah hujung runcing, membentuk bentuk croissant. Tutup tepi untuk mengelakkan inti daripada bocor semasa membakar.
h) Letakkan croissant pizza yang disediakan di atas lembaran pembakar yang dialas dengan kertas parchment, tinggalkan sedikit ruang di antara mereka untuk mengembang semasa membakar.
i) Sapu bahagian atas setiap croissant dengan telur yang telah dipukul, yang akan memberikan mereka warna keemasan yang indah apabila dibakar.
j) Taburkan perasa Itali di atas setiap croissant untuk menambah rasa tambahan.

k) Bakar Pizza Croissant dalam ketuhar yang telah dipanaskan selama kira-kira 15-18 minit atau sehingga ia bertukar menjadi perang keemasan dan mengembang.

l) Setelah masak, keluarkan croissant dari ketuhar dan biarkan ia sejuk sedikit di atas rak dawai.

m) Hidangkan Pizza Croissant buatan sendiri yang lazat sebagai hidangan lazat untuk makan tengah hari, makan malam atau sebagai snek parti. Mereka pasti menjadi popular dengan kanak-kanak dan orang dewasa.

4.Croissant Lada Pedas

BAHAN-BAHAN:
- Doh asas croissant
- 6 oz. hirisan pepperoni
- ¼ cawan keju mozzarella yang dicincang
- ¼ cawan lada hijau dipotong dadu
- 1 biji telur dipukul dengan 1 sudu air

ARAHAN:
a) Canai doh croissant menjadi segi empat tepat yang besar.
b) Potong doh menjadi segi tiga.
c) Sapukan pepperoni yang dihiris, keju mozzarella yang dicincang dan lada hijau yang dipotong dadu ke bahagian bawah setiap croissant.
d) Gantikan bahagian atas croissant dan tekan ke bawah perlahan-lahan.
e) Letakkan croissant pada lembaran pembakar yang beralas, berus dengan basuh telur, dan biarkan naik selama 1 jam.
f) Panaskan ketuhar hingga 400°F (200°C) dan bakar croissant selama 20-25 minit sehingga perang keemasan.

5. Roti Piza Tarik

BAHAN-BAHAN:
- 12-oz. biskut serpihan yang disejukkan tiub, dibelah empat
- 1 T. minyak zaitun
- 12 keping pepperoni, dibelah empat
- 1/4 c. keju mozzarella yang dicincang
- 1 bawang, dicincang
- 1 t. perasa Itali
- 1/4 t. garam bawang putih
- 1/4 c. keju Parmesan parut

ARAHAN:

a) Sapu biskut dengan minyak; mengetepikan. Satukan baki bahan dalam mangkuk; masukkan biskut.

b) Gaul sebati; susun dalam kuali Bundt ® yang dialas dengan kerajang aluminium yang telah digris dengan baik.

c) Bakar pada suhu 400 darjah selama 15 minit.

d) Keluarkan roti daripada kuali; cabut untuk dihidangkan.

6. Pepperoni dan Omelet Keju

BAHAN-BAHAN:
- 3 biji telur
- 1/4 cawan pepperoni potong dadu
- 1/4 cawan keju parut (cheddar atau mozzarella)
- Garam dan lada sulah secukup rasa

ARAHAN:
a) Pukul telur dalam mangkuk dan perasakan dengan garam dan lada sulah.
b) Panaskan kuali non-stick di atas api sederhana.
c) Tuangkan telur yang telah dipukul ke dalam kuali.
d) Taburkan pepperoni potong dadu dan keju yang dicincang secara merata pada separuh daripada telur dadar.
e) Setelah telur ditetapkan, lipat separuh lagi ke atas inti.
f) Masak selama satu minit tambahan, kemudian luncurkan telur dadar ke atas pinggan.

7.Burrito Sarapan Pepperoni

BAHAN-BAHAN:
- 2 tortilla besar
- 1/2 cawan pepperoni potong dadu
- 4 biji telur, dikocok
- 1/4 cawan keju parut
- Salsa (pilihan)

ARAHAN:
a) Panaskan tortilla dalam kuali kering atau microwave.
b) Dalam kuali yang sama, masak pepperoni yang dipotong dadu hingga garing sedikit.
c) Kacau telur dan masukkan ke dalam kuali bersama pepperoni.
d) Setelah telur masak, sendukkan adunan ke tengah setiap tortilla.
e) Taburkan keju yang dicincang ke atas telur dan lipat tortilla menjadi burrito.
f) Pilihan: Hidangkan dengan salsa di sebelah.

8.Muffin Sarapan Pepperoni dan Bayam

BAHAN-BAHAN:
- 6 biji telur
- 1/2 cawan pepperoni potong dadu
- 1 cawan bayam segar, dicincang
- 1/4 cawan keju parut
- Garam dan lada sulah secukup rasa

ARAHAN:

a) Panaskan ketuhar hingga 375°F (190°C) dan sapukan loyang muffin.
b) Dalam mangkuk, pukul telur dan perasakan dengan garam dan lada sulah.
c) Masukkan pepperoni potong dadu, bayam cincang, dan keju parut.
d) Tuangkan adunan ke dalam loyang muffin, isi setiap cawan kira-kira dua pertiga penuh.
e) Bakar selama 20-25 minit atau sehingga muffin ditetapkan dan berwarna perang sedikit.

9. Hash Sarapan Pepperoni dan Kentang

BAHAN-BAHAN:
- 2 biji kentang, potong dadu
- 1/2 cawan pepperoni potong dadu
- 1/2 biji bawang besar, cincang halus
- 2 ulas bawang putih, dikisar
- 2 sudu besar minyak zaitun
- Garam dan lada sulah secukup rasa

ARAHAN:
a) Panaskan minyak zaitun dalam kuali dengan api sederhana.
b) Masukkan kentang potong dadu dan masak hingga perang keemasan dan masak.
c) Masukkan pepperoni potong dadu, bawang besar cincang, dan bawang putih cincang ke dalam kuali.
d) Perasakan dengan garam dan lada sulah dan masak sehingga bawang lut sinar.
e) Hidangkan hash panas-panas, boleh ditambah dengan telur goreng.

10. Pepperoni dan Quesadilla Cendawan

BAHAN-BAHAN:
- 2 tortilla tepung besar
- 1/2 cawan pepperoni potong dadu
- 1/2 cawan cendawan dihiris
- 1/4 cawan lada benggala dipotong dadu
- 1/2 cawan keju parut (pilihan anda)

ARAHAN:
a) Dalam kuali, masak pepperoni yang dipotong dadu hingga garing sedikit.
b) Masukkan hirisan cendawan dan lada benggala yang dipotong dadu ke dalam kuali dan tumis hingga empuk.
c) Letakkan tortilla dalam kuali, taburkan dengan keju parut, dan tambah campuran pepperoni dan sayur-sayuran.
d) Teratas dengan tortilla lain dan masak sehingga keju cair dan tortilla berwarna perang keemasan.
e) Potong kepingan dan hidangkan.

11. Pizza Sarapan Pepperoni dan Telur

BAHAN-BAHAN:
- Doh pizza (dibeli di kedai atau buatan sendiri)
- 1/2 cawan sos pizza
- 1 cawan keju mozzarella yang dicincang
- 1/2 cawan pepperoni potong dadu
- 3 biji telur

ARAHAN:
a) Panaskan ketuhar mengikut arahan doh pizza.
b) Canai doh pizza dan ratakan sos pizza.
c) Taburkan keju mozzarella yang dicincang dan pepperoni potong dadu di atas pizza.
d) Buat perigi kecil dalam topping dan pecahkan telur ke dalam setiap perigi.
e) Bakar mengikut arahan doh pizza sehingga kerak keemasan dan telur masak mengikut citarasa anda.

12. Sandwic Sarapan Pepperoni dan Tomato

BAHAN-BAHAN:
- Muffin Inggeris, dibelah dan dibakar
- 4 biji telur, goreng atau hancur
- 1/2 cawan pepperoni potong dadu
- Tomato yang dihiris
- Keju dihiris (cheddar atau Swiss)

ARAHAN:
a) Masak telur mengikut citarasa anda (goreng atau hancur).
b) Pada mufin Inggeris yang telah dibakar, lapisan telur, pepperoni potong dadu, hirisan tomato dan keju.
c) Pasang sandwic dan hidangkan segera.

13. Biskut Sarapan Pepperoni dan Cheddar

BAHAN-BAHAN:
- 2 cawan campuran biskut (dibeli di kedai atau buatan sendiri)
- 2/3 cawan susu
- 1/2 cawan pepperoni potong dadu
- 1/2 cawan keju cheddar yang dicincang

ARAHAN:
a) Panaskan ketuhar mengikut arahan adunan biskut.
b) Dalam mangkuk, satukan adunan biskut, susu, pepperoni potong dadu, dan keju cheddar yang dicincang.
c) Titiskan sesudu doh ke atas loyang.
d) Bakar mengikut arahan adunan biskut sehingga biskut berwarna perang keemasan.

14. Bungkus Sarapan Pepperoni dan Avocado

BAHAN-BAHAN:
- 2 tortilla besar
- 1/2 cawan pepperoni potong dadu
- 1 buah alpukat, dihiris
- 1/4 cawan tomato potong dadu
- 2 sudu besar krim keju

ARAHAN:
a) Sapukan krim keju ke atas setiap tortilla.
b) Lapiskan pepperoni yang dipotong dadu, hirisan alpukat dan tomato yang dipotong dadu pada separuh daripada setiap tortilla.
c) Lipat tortilla separuh untuk membuat bungkus.
d) Panaskan kuali dan bakar ringan bungkus pada kedua-dua belah sehingga tortilla garing.

15. Pepperoni dan Kaserol Hash Brown

BAHAN-BAHAN:
- 4 cawan coklat hash beku, dicairkan
- 1/2 cawan pepperoni potong dadu
- 1 cawan keju cheddar yang dicincang
- 6 biji telur, dipukul
- 1 cawan susu
- Garam dan lada sulah secukup rasa

ARAHAN:
a) Panaskan ketuhar hingga 350°F (175°C) dan griskan loyang.
b) Sapukan gula merah yang telah dicairkan dalam hidangan pembakar.
c) Taburkan pepperoni yang dipotong dadu dan keju cheddar yang dicincang di atas kentang goreng.
d) Dalam mangkuk, pukul bersama telur, susu, garam dan lada sulah. Tuangkan ke atas kentang goreng.
e) Bakar selama 30-35 minit atau sehingga telur ditetapkan dan bahagian atas berwarna perang keemasan.

16. Pepperoni dan Zucchini Sarapan Frittata

BAHAN-BAHAN:
- 6 biji telur
- 1/2 cawan pepperoni potong dadu
- 1 cawan zucchini parut
- 1/2 cawan keju feta, hancur
- 1 sudu besar minyak zaitun
- Garam dan lada sulah secukup rasa

ARAHAN:
a) Panaskan daging ayam di dalam ketuhar anda.
b) Dalam kuali yang selamat untuk ketuhar, tumis pepperoni potong dadu dan zucchini parut dalam minyak zaitun sehingga lembut.
c) Dalam mangkuk, pukul telur dan perasakan dengan garam dan lada sulah. Tuangkan ke atas pepperoni dan zucchini.
d) Taburkan keju feta yang telah hancur di atasnya dan masak di atas dapur sehingga bahagian tepi mengeras.
e) Pindahkan kuali ke dalam ayam pedaging dan panggang sehingga bahagian atasnya berwarna keemasan dan telur betul-betul siap.

17.Bagel Sarapan Pepperoni dan Keju

BAHAN-BAHAN:
- 2 bagel, dihiris dan dibakar
- 1/2 cawan pepperoni potong dadu
- 1/4 cawan krim keju
- 1/2 cawan keju Monterey Jack yang dicincang
- Daun selasih segar untuk hiasan (pilihan)

ARAHAN:
a) Sapukan krim keju pada setiap separuh bagel panggang.
b) Taburkan pepperoni yang dipotong dadu dan keju Monterey Jack yang dicincang di atas keju krim.
c) Letakkan bagel pada lembaran pembakar dan panggang sehingga keju cair dan berbuih.
d) Hiaskan dengan daun selasih segar jika mahu dan hidangkan.

KUDAPAN

18.kerepek pepperoni

BAHAN-BAHAN:
- 24 keping pepperoni tanpa gula
- Minyak

ARAHAN:

a) Panaskan ketuhar hingga 425°F.

b) Lapik lembaran penaik dengan kertas parchment dan letakkan kepingan pepperoni dalam satu lapisan.

c) Bakar selama 10 minit dan kemudian keluarkan dari ketuhar dan gunakan tuala kertas untuk menghilangkan lemak berlebihan.

d) Kembalikan ke ketuhar selama 5 minit lagi atau sehingga pepperoni garing.

19.Pizza Panas Super dip

BAHAN-BAHAN:
- Dilembutkan krim Keju
- Mayonis
- Mozarella Keju
- selasih
- Oregano
- Bawang putih serbuk
- Pepperoni
- Hitam buah zaitun
- hijau loceng Lada

ARAHAN:
a) Campurkan dalam awak dilembutkan krim keju, mayonis, dan a sedikit sedikit daripada mozarella keju. Tambah a taburkan daripada selasih, oregano, pasli, dan bawang putih serbuk, dan kacau sehingga ia adalah dengan baik digabungkan.

b) isi ia ke dalam awak dalam hidangan pai pinggan dan sebar ia keluar dalam an malah lapisan.

c) Sebar awak piza sos pada atas dan Tambah awak diutamakan topping. Untuk ini contoh, kita kehendak Tambah mozarella keju, pepperoni hitam buah zaitun, dan hijau lada. bakar di 350 untuk 20 minit.

20.Bom Bagel Sumbat Pizza

BAHAN-BAHAN:
- 1 tin (8 auns) doh gulung bulan sabit yang disejukkan
- 4 keping mini pepperoni
- 4 kiub kecil keju mozzarella
- 1 sudu teh perasa Itali
- 1 sudu besar keju parmesan parut
- ½ cawan sos marinara dipanaskan

ARAHAN:

a) Panaskan ketuhar hingga 375°F (190°C).

b) Canai doh gulung bulan sabit dan potong 4 segi empat sama.

c) Letakkan satu hirisan pepperoni dan satu kiub keju mozzarella di tengah setiap petak.

d) Lipat sudut doh di sekeliling inti, membentuk bentuk bola.

e) Taburkan bola sumbat dengan perasa Itali dan keju parmesan parut.

f) Letakkan bebola yang disumbat di atas loyang dan bakar dalam ketuhar yang telah dipanaskan selama 12-15 minit atau sehingga perang keemasan.

g) Hidangkan bom bagel yang disumbat pizza dengan sos marinara yang telah dipanaskan untuk dicelup.

21. Scones Pizza Pepperoni

BAHAN-BAHAN:
- 2 cawan tepung serba guna
- ½ sudu teh garam
- 1 sudu besar serbuk penaik
- ¼ sudu teh baking soda
- 2 sudu besar gula
- ⅓ cawan mentega sejuk
- ½ sudu teh bawang putih halus
- 1 ¼ cawan keju mozzarella parut
- ¼ cawan keju cheddar parut
- 3½ auns pepperoni dibungkus
- 1 cawan susu

ARAHAN:
a) Panaskan ketuhar hingga 400 darjah. Lapik dulang lembaran dengan kertas parchment dan ketepikan.
b) Dalam mangkuk besar, satukan semua bahan kering. Masukkan mentega sejuk dan pecahkan kepada kepingan kecil menggunakan pemotong pastri. Potong pepperoni kepada kepingan yang lebih kecil dan kacau ke dalam bahan kering bersama-sama dengan keju mozzarella dan cheddar. Masukkan susu dan kacau sehingga semua bahan dibasahkan dengan sempurna.
c) Taburkan sekeping kertas lilin secara bebas dengan tepung. Kikis doh pada kertas lilin dan tambah lagi tepung di atasnya.
d) Letakkan sekeping lagi kertas lilin di atas doh dan tekan ke bawah sehingga ketebalan 1 ½-2 inci.
e) Keluarkan kertas lilin atas dengan berhati-hati. Potong doh kepada 8 bahagian, seperti pai, dan letakkan di atas kertas parchment. Pastikan bahagian bawah ditaburkan dengan tepung untuk mengelakkan melekat.
f) Bakar selama 15-20 minit atau sehingga scone berwarna perang keemasan. Hidangkan mereka hangat dengan sos marinara.
g) Nikmati Pepperoni Pizza Savory Scones anda!

22.Batang roti pepperoni

BAHAN-BAHAN:
- 2 cawan campuran pembakar asli Bisquick
- ½ cawan air sejuk
- ½ cawan pepperoni cincang (kira-kira 2 auns)
- ½ batang marjerin atau mentega; cair
- 1 sudu besar keju Parmesan parut
- 1 cawan sos pizza

ARAHAN:
a) PANASKAN ketuhar hingga 425 darjah. Campurkan campuran penaik, air sejuk, dan pepperoni sehingga menjadi doh; menewaskan 20 pukulan. Hidupkan doh ke atas permukaan yang ditaburkan dengan campuran pembakar; gulung perlahan-lahan dalam adunan pembakar untuk disalut. Uli 5 kali.

b) GULUNG doh menjadi segi empat sama 10 inci. Potong separuh. Potong setiap separuh bersilang menjadi 14 jalur. Putar hujung jalur mengikut arahan yang bertentangan .

c) Letakkan pada helaian kuki yang tidak digris, tekan hujung pada helaian kuki untuk mengikat dengan selamat. Sapu rata dengan marjerin. Taburkan dengan keju.

d) BAKAR 10 hingga 12 minit atau sehingga perang keemasan muda. Panaskan sos pizza sehingga panas. Celupkan batang roti ke dalam sos pizza. Kira-kira 28 batang roti.

23.Pinwheels Pizza Ladang

BAHAN-BAHAN:
- 1 tiub (13.8 auns) kerak pizza yang disejukkan
- ¼ cawan sos salad ladang disediakan
- ½ cawan keju Colby-Monterey Jack yang dicincang
- ½ cawan pepperoni potong dadu
- ¼ cawan bawang hijau dicincang
- Sos pizza yang dipanaskan atau saus salad ladang tambahan, pilihan

ARAHAN:
a) Gulungkan doh pizza ke dalam segi empat tepat 12x10 inci di atas permukaan yang ditaburi sedikit tepung. Sapukan pembalut ternakan rata dalam ¼-dalam. daripada bahagian tepi. Taburkan bawang, pepperoni, dan keju. Bermula dengan bahagian yang panjang, gulung seperti jellyroll.

b) Potong kepada 1-dalam. hirisan. Letakkan di atas loyang yang telah digris, potong ke bawah. Bakar selama 10-13 minit sehingga keperangan pada suhu 425 °. Hidangkan hangat dengan sos ternakan tambahan atau sos pizza (pilihan). Sejukkan sisa makanan.

24. Piza Muffin Inggeris Pepperoni

BAHAN-BAHAN:
- 2 Sudu besar sos pizza
- 2 Sudu besar keju mozzarella yang dicincang
- Batang pepperoni, dihiris bulat nipis
- Topping pilihan: cincin lada pisang panas
- 3 muffin Inggeris, belah

ARAHAN:
a) Panaskan ketuhar anda hingga 400°F (200°C).
b) Bahagikan setiap muffin Inggeris kepada separuh dan letakkannya di atas loyang.
c) Sapukan lapisan sos pizza pada setiap separuh muffin.
d) Teratas dengan hirisan bulat pepperoni, keju dan cincin lada pisang panas pilihan.
e) Bakar dalam ketuhar yang telah dipanaskan selama kira-kira 10-12 minit atau sehingga tepi berwarna keemasan dan keju berbuih dan sedikit perang.
f) Keluarkan dari ketuhar dan biarkan ia sejuk selama satu minit sebelum dihidangkan.

25. Batang roti Carbquik Pepperoni

BAHAN-BAHAN:
- 2 cawan Carbquik
- ½ cawan air sejuk
- ½ cawan hirisan pepperoni, dicincang halus
- ¼ cawan mentega, cair
- 1 sudu besar keju parmesan parut
- Sos Pizza Rendah Karbohidrat (pilihan)

ARAHAN:
a) Panaskan ketuhar anda kepada 425ºF.
b) Dalam mangkuk adunan, satukan Carbquik, air sejuk dan pepperoni yang dicincang halus. Gaul sehingga menjadi doh, dan pukul sehingga doh tercabut dari mangkuk dan tidak melekit lagi.
c) Balikkan doh ke atas permukaan yang telah ditaburi dengan Carbquik dan gulung perlahan-lahan dalam Carbquik untuk menyalutnya. Uli doh lima kali.
d) Canai doh menjadi segi empat sama 10 inci. Kemudian, potong separuh. Seterusnya, potong setiap separuh bersilang menjadi 15 jalur.
e) Putar hujung jalur ke arah yang bertentangan untuk memberikannya bentuk berpintal yang bagus. Letakkan jalur berpintal ini pada helaian kuki yang tidak digris, tekan hujungnya pada helaian untuk mengikatnya dengan selamat.
f) Sapu bahagian atas batang roti dengan mentega cair, dan kemudian taburkannya dengan keju parmesan parut.
g) Bakar batang roti dalam ketuhar yang telah dipanaskan selama 10 hingga 12 minit, atau sehingga ia menjadi perang keemasan muda.
h) Jika anda suka, panaskan sos piza rendah karbohidrat anda sehingga ia panas dan sedia untuk dicelup.
i) Hidangkan tongkat roti hangat, disertakan dengan sos untuk dicelup. Nikmati roti buatan sendiri yang lazat!

26. Gulung Piza Cheesy

BAHAN-BAHAN:
- 1 roti (1 paun) doh piza beku, dicairkan
- ½ cawan sos pasta
- 1 cawan keju mozzarella bahagian-skim yang dicincang, dibahagikan
- 1 cawan pepperoni yang dicincang kasar (kira-kira 64 keping)
- Sosej Itali pukal ½ paun, masak dan hancur
- ¼ cawan keju Parmesan parut
- Basil segar cincang, pilihan
- Serpihan lada merah dihancurkan, pilihan

ARAHAN:
a) Panaskan ketuhar hingga 400°. Di atas permukaan yang ditaburi sedikit tepung, canai doh menjadi 16x10 inci segi empat tepat. Sapu dengan sos pasta hingga dalam ½ inci dari tepi.

b) Taburkan dengan ½ cawan keju mozzarella, pepperoni, sosej dan Parmesan. Menggulung gaya jeli-gulung, bermula dengan sisi panjang; picit jahitan untuk mengelak.

c) Potong kepada 8 bahagian. Letakkan dalam kuali besi tuang 9 inci yang telah digris atau loyang bulat 9 inci yang telah digris, potong ke bawah.

d) Bakar selama 20 minit; taburkan dengan baki keju mozzarella. Bakar hingga kekuningan coklat, 5-10 minit lebih lama. Jika mahu, hidangkan bersama basil segar yang dikisar dan merah yang dihancurkan kepingan lada.

27.Itali Pepperoni Roll-up

BAHAN-BAHAN:
- 5 tortilla tepung 10 inci
- 16 auns keju krim dilembutkan
- 2 sudu kecil bawang putih dikisar
- ½ cawan krim masam
- ½ cawan keju Parmesan
- ½ cawan keju parut Itali atau keju mozzarella
- 2 sudu teh perasa Itali
- 16 auns hirisan pepperoni
- ¾ cawan lada kuning dan oren yang dicincang halus
- ½ cawan cendawan segar yang dicincang halus

ARAHAN:
a) Dalam mangkuk adunan, pukul keju krim sehingga rata. Satukan bawang putih, krim masam, keju dan perasa Itali dalam mangkuk adunan. Gaul sehingga semuanya sebati.

b) Ratakan adunan di antara 5 tortilla tepung. Tutup keseluruhan tortilla dengan campuran keju.

c) Letakkan lapisan pepperoni di atas campuran keju.

d) Tindih pepperoni dengan lada dan cendawan yang dihiris kasar.

e) Gulungkan setiap tortilla dengan ketat dan bungkusnya dengan bungkus plastik.

f) Ketepikan sekurang-kurangnya 2 jam di dalam peti sejuk.

28. Bom Jalapeno

BAHAN-BAHAN:
- 1 cawan mentega, dilembutkan
- 3 oz. Keju krim
- 3 keping Bacon
- 1 Lada Jalapeno sederhana
- 1/2 sudu kecil. Parsley kering
- 1/4 sudu kecil. Serbuk Bawang
- 1/4 sudu kecil. Serbuk Bawang putih
- Garam dan Lada Secukup Rasa

ARAHAN:
a) Goreng 3 keping bacon dalam kuali sehingga garing.
b) Keluarkan bacon dari kuali, tetapi simpan baki gris untuk kegunaan kemudian.
c) Tunggu sehingga bacon sejuk dan garing.
d) Nyah-benih lada jalapeno, dan kemudian potong menjadi kepingan kecil.
e) Satukan krim keju, mentega, jalapeno, dan rempah. Perasakan dengan garam dan lada sulah secukup rasa.
f) Masukkan lemak bacon ke dalam dan gaul bersama sehingga adunan pepejal terbentuk.
g) Hancurkan bacon dan letakkan di atas pinggan. Gulungkan campuran keju krim ke dalam bola menggunakan tangan anda, dan kemudian gulungkan bola ke dalam bacon.

29. Cheesy Pizza Pinwheels

BAHAN-BAHAN:

doh
- 1 13 oz. pkg. doh pizza yang disejukkan

SOS PIZZA MUDAH
- 2 cawan sos marinara
- 1/2 sudu teh serbuk bawang, kemangi kering, pasli kering
- 1/4 sudu kecil serbuk bawang putih oregano kering, garam, lada sulah, lada merah yang ditumbuk

TOPPING
- 1 cawan keju mozzarella yang baru diparut
- 1/3 cawan keju Parmesan yang baru diparut
- 32 biji lada
- 1/2 cawan lada hijau dicincang halus

ARAHAN:

a) Panaskan ketuhar hingga 375 darjah F. Lapik loyang dengan kertas parchment. Mengetepikan.

b) Gulungkan sekeping kertas parchment yang panjang dan tepung sedikit.

c) Canai doh ke dalam segi empat tepat 12×16 inci di atas kertas tepung.

d) Pukul semua bahan Sos Pizza. Ratakan ¾ cawan Sos Pizza ke atas doh, meninggalkan sempadan 1" di tepi panjang atas,

e) Microwave pepperoni di atas pinggan berlapik tuala kertas selama 20 saat kemudian sapukan sebarang gris berlebihan. Sos atas rata dengan mozzarella, pepperoni, lada benggala hijau dan Parmesan.

f) Bermula dari sisi panjang yang paling hampir dengan anda, gulungkan doh dengan ketat, picit dalam mana-mana bahan yang terlepas, dan tutup jahitan.

g) Dengan menggunakan pisau bergerigi, potong hujung gulungan kemudian potong gulungan itu kepada 12 bahagian yang sama.

h) Potong kepingan ini menjadi 3 roda pin.

i) Letakkan kincir, potong bahagian atas, pada lembaran pembakar yang disediakan.

j) Bakar pada suhu 375 darjah F selama 25-30 minit atau sehingga doh berwarna keemasan.

k) Keluarkan dari ketuhar dan biarkan sejuk selama 5 minit sebelum mengeluarkan roda pin dari kuali ke rak dawai.

l) Hiaskan dengan pasli segar dan hidangkan dengan baki sos piza yang telah dipanaskan jika dikehendaki.

30.Quesadillas Pantas & Aneh

BAHAN-BAHAN:
- 2 10" tortilla
- 2 sudu besar sos pizza
- 1 auns keju cheddar parut
- 1 auns keju mozzarella parut
- 8 keping pepperoni
- Semburan masakan

ARAHAN:

a) Goreng pepperoni dalam kuali bersaiz sederhana sehingga garing. Keluarkan dari kuali dan ketepikan. Lap kuali dengan tuala kertas.

b) Letakkan satu tortilla di atas pinggan dan sapukan dua sudu sos pizza di atasnya.

c) Taburkan separuh keju cheddar parut dan keju mozzarella di atas sos.

d) Susun pepperoni goreng di atas keju.

e) Taburkan baki keju di atas pepperoni dan tutup dengan baki tortilla.

f) Sembur kuali dengan semburan masak dan panaskan dengan api sederhana.

g) Berhati-hati letakkan quesadilla dalam kuali dan masak tiga hingga empat minit pada setiap sisi atau sehingga keju cair dan tortilla berwarna perang ringan dan rangup.

31. Celup Pizza Lada Keju

BAHAN-BAHAN:
- Kerak pizza 12 inci yang telah dibakar terlebih dahulu
- 1 cawan bawang putih panggang dan sos spageti Parmesan
- 1-1/2 cawan keju mozzarella bahagian-skim yang dicincang
- 4 keping keju Muenster, dipotong menjadi jalur nipis
- 20 keping pepperoni, dicincang
- Oregano kering, pilihan

ARAHAN:
a) Tetapkan ketuhar kepada 350 ° , kemudian letakkan pada lembaran pembakar tanpa minyak dengan kerak pizza dan bakar sehingga dipanaskan, kira-kira 9 hingga 12 minit.

b) Pada masa yang sama, panaskan sos spageti dalam periuk kecil dengan api sederhana sederhana. Masukkan pepperoni dan keju, kemudian masak dan kacau sehingga sos dipanaskan dan keju cair. Taburkan dengan oregano jika anda mahu.

c) Potong kerak pizza menjadi 1-1/2-in. jalur dan hidangkan hangat bersama sos.

32. Pinwheels Pizza Ladang

BAHAN-BAHAN:
- 1 tiub (13.8 auns) kerak pizza yang disejukkan
- 1/4 cawan sos salad ladang yang disediakan
- 1/2 cawan keju Colby-Monterey Jack yang dicincang
- 1/2 cawan pepperoni potong dadu
- 1/4 cawan bawang hijau dicincang
- Sos pizza, saus salad ladang yang telah dipanaskan atau tambahan, pilihan

ARAHAN:
a) Canai doh pizza kepada 12x10 inci. segi empat tepat pada permukaan yang ditaburkan sedikit tepung. Pembalut ladang tersebar rata dalam 1/4-inci. daripada bahagian tepi. Taburkan bawang, pepperoni dan keju. Bermula dengan sisi panjang, gulung seperti jeli.

b) Potong kepada 1-dalam. hirisan. Letakkan di atas loyang yang telah digris, potong ke bawah. Bakar selama 10-13 minit sehingga keperangan pada suhu 425°. Hidangkan hangat dengan sos ternakan tambahan atau sos pizza (pilihan). Sejukkan sisa makanan.

33. Cendawan Sumbat Lada dan Bayam

BAHAN-BAHAN:
- 24 cendawan besar, dibersihkan dan dibuang batangnya
- 1/2 cawan pepperoni potong dadu
- 1 cawan bayam segar yang dicincang
- 1 cawan krim keju, dilembutkan
- 1/2 cawan keju mozzarella yang dicincang
- 1/4 cawan parut keju Parmesan
- Garam dan lada sulah secukup rasa

ARAHAN:
a) Panaskan ketuhar hingga 375°F (190°C).
b) Dalam mangkuk, campurkan bersama pepperoni yang dipotong dadu, bayam cincang, keju krim, keju mozzarella, keju Parmesan, garam dan lada sulah.
c) Sumbat setiap penutup cendawan dengan campuran.
d) Letakkan cendawan yang disumbat pada lembaran penaik.
e) Bakar selama 15-20 minit atau sehingga cendawan empuk.
f) Hidangkan hangat.

34. Pepperoni, Provolone & Pecorino Pita

BAHAN-BAHAN:
- 4 pita
- ½ cawan panggang, dikupas dan dihiris lada merah dan/atau kuning
- 2 ulas bawang putih, cincang
- 4 auns pepperoni, dihiris nipis
- 4 auns keju provolone, dipotong dadu
- 2 sudu besar keju pecorino yang baru diparut
- 4 lada jeruk Itali atau Yunani seperti pepperoncini, dihiris nipis
- Minyak zaitun untuk menyikat pita

ARAHAN:

a) Belah 1 sisi setiap pita dan bukanya untuk membentuk poket.

b) Lapiskan lada, bawang putih, pepperoni, provolone, pecorino, dan lada ke dalam setiap pita dan tekan untuk menutup. Sapu bahagian luar dengan sedikit minyak zaitun.

c) Panaskan kuali nonstick berat di atas api sederhana tinggi atau gunakan pembuat sandwic atau penekan panini. Letakkan sandwic ke dalam kuali.

d) Kecilkan api ke rendah dan beratkan sandwic, tekan sambil anda perangkannya. Masak hanya sehingga keju cair; anda tidak mahu keju menjadi perang dan garing, hanya untuk memegang semua inti bersama-sama.

e) Hidangkan segera.

35. Pepperoni dan Keju Kebob

BAHAN-BAHAN:
- hirisan lada
- Mozzarella atau kiub keju cheddar
- tomato ceri
- Daun selasih (pilihan)

ARAHAN:
a) Masukkan sekeping pepperoni pada pencungkil gigi atau lidi kecil.
b) Masukkan kiub keju dan tomato ceri.
c) Ulangi proses untuk setiap lidi.
d) Secara pilihan, tambahkan daun selasih di antara pepperoni dan keju.
e) Susun kebob di atas pinggan hidangan dan nikmati.

36. Pepperoni dan Krim Keju Roll-Up

BAHAN-BAHAN:
- Keju krim lembut
- hirisan lada
- Acar lembing

ARAHAN:
a) Sapukan lapisan nipis keju krim di atas kepingan pepperoni.
b) Letakkan lembing jeruk pada satu hujung dan gulungkan pepperoni di sekelilingnya.
c) Selamat dengan pencungkil gigi jika perlu.
d) Ulangi proses untuk setiap roll-up.
e) Hidangkan dan nikmati gabungan rasa.

37. Pepperoni dan Gigitan Zaitun

BAHAN-BAHAN:
- Zaitun hijau atau hitam (diadu)
- hirisan lada
- Keju krim

ARAHAN:
a) Isikan setiap zaitun dengan sedikit keju krim.
b) Balut sekeping pepperoni di sekeliling setiap buah zaitun.
c) Selamat dengan pencungkil gigi.
d) Susun pepperoni dan gigitan zaitun di atas pinggan dan nikmati.

38. Pepperoni dan Cendawan Sumbat Sayuran

BAHAN-BAHAN:
- Cendawan besar, dibersihkan dan dibuang batangnya
- Hirisan lada, dicincang halus
- Keju krim
- Bawang hijau dicincang
- Keju Parmesan parut

ARAHAN:
a) Panaskan ketuhar hingga 375°F (190°C).
b) Dalam mangkuk, campurkan keju krim, pepperoni cincang, bawang hijau cincang dan keju Parmesan parut.
c) Sumbat setiap penutup cendawan dengan campuran keju krim.
d) Letakkan cendawan yang disumbat di atas loyang dan bakar selama lebih kurang 15-20 minit atau sehingga cendawan empuk.
e) Hidangkan hangat sebagai snek yang diselitkan pepperoni yang lazat.

PIZZA

39.Piza Putih Carbquik

BAHAN-BAHAN:
- 1 ½ cawan Carbquik
- ⅓ cawan air panas (120-140 darjah)
- 8 auns keju ricotta (susu penuh)
- 4 auns pepperoni dihiris
- ½ cawan cendawan dihiris
- 6 auns keju mozzarella yang dicincang

ARAHAN:

a) Panaskan ketuhar anda kepada 450°F (230°C) dan griskan loyang piza 12 inci.

b) Dalam mangkuk, kacau bersama campuran Carbquik dan air yang sangat panas sehingga menjadi doh yang lembut. Uli doh selama 2-3 minit sehingga kering dan tidak melekit lagi.

c) Tekan doh ke dalam loyang pizza.

d) Sapukan keju ricotta secara rata ke atas doh.

e) Hiaskan piza dengan hirisan pepperoni, hirisan cendawan dan keju mozzarella yang dicincang.

f) Bakar piza pada rak paling bawah dalam ketuhar panas selama 12 hingga 15 minit atau sehingga kerak berwarna perang keemasan dan keju berbuih.

g) Anda boleh menjadi kreatif dengan topping anda. Pertimbangkan untuk menambah daging, lada, buah zaitun, asparagus atau ikan salai untuk menyesuaikan pizza putih anda.

40. Piza pepperoni basil taman

BAHAN-BAHAN:
- Roti Tanpa Uli dan Doh Pizza, ½ paun
- Minyak zaitun extra-virgin, satu sudu besar
- Keju Provolone, satu cawan, parut
- Tomato ceri, 2 cawan
- Keju mozzarella, satu cawan, parut
- Tomato hancur dalam tin, ¾ cawan
- Pepperoni dihiris, 8 keping
- 1 ulas bawang putih, cincang atau parut
- Garam kosher dan lada yang baru dipecahkan
- Basil segar, untuk hiasan

ARAHAN:
a) Canai doh di atas permukaan yang telah ditaburi sedikit tepung.
b) Perlahan-lahan pindahkan doh ke loyang yang telah disediakan.
c) Letakkan mozzarella dan provolone di atas bersama-sama dengan tomato hancur.
d) Sapukan pepperoni di atas.
e) Satukan tomato ceri, bawang putih, minyak zaitun, garam, dan lada sulah.
f) Edarkan sama rata ke seluruh pizza.
g) Bakar selama 10 hingga 15 minit pada suhu 450°F.
h) Letakkan daun selasih segar di atas.
i) Hiris, dan nikmati.

41. Piza Besi Tuang Hidangan Dalam

BAHAN-BAHAN:
- 2 ¼ sudu teh yis kering aktif
- ½ sudu teh gula perang
- 1 ¼ cawan air suam (110 darjah F (43 darjah C))
- 2 cawan tepung serba guna
- 2 sudu teh garam bawang putih
- ¼ cawan mentega
- 2 cawan tepung serba guna
- 1 sudu besar minyak biji anggur
- 1 hidangan semburan masak
- ⅓ cawan sosej daging babi pukal
- 1 (3.5 auns) pautan sosej Itali pukal
- 2 sudu besar minyak biji anggur
- ½ cawan sos pizza
- ⅓ cawan keju mozzarella yang dicincang
- 24 keping pepperoni
- ⅓ cawan keju mozzarella yang dicincang
- 1 sudu besar mentega, dilembutkan
- ⅛ sudu teh perasa Itali
- ⅛ sudu teh serbuk bawang putih

ARAHAN:
a) Taburkan yis dan gula perang ke atas air suam dalam mangkuk pengadun berdiri dipasang dengan cangkuk doh. Biarkan 5 hingga 10 minit sehingga yis lembut dan mula membentuk buih berkrim.

b) Pusingkan pengadun ke tetapan paling rendah dan masukkan perlahan-lahan 2 cawan tepung 1/2 cawan pada satu masa. Masukkan garam bawang putih dan 1/4 cawan mentega. Satukan baki 2 cawan tepung dan uli sehingga doh licin dan elastik, 5 hingga 7 minit.

c) Salutkan mangkuk kaca besar dengan 1 sudu besar minyak biji anggur. Bentukkan doh menjadi bebola dan masukkan ke dalam mangkuk, putar untuk menyalut semua bahagian dengan minyak. Sembur sekeping bungkus plastik dengan semburan masak dan tutup mangkuk dengan longgar. Tutup mangkuk dengan tuala dan biarkan mengembang di kawasan yang hangat sehingga doh mengembang dua kali ganda dalam saiz, kira-kira 45 minit. Tumbuk doh dan biarkan berehat selama 20 minit.

d) Semasa doh berehat, panaskan kuali dengan api sederhana; masak dan kacau sosej pukal sehingga perang dan hancur, kira-kira 5 minit. Pindahkan sosej yang telah dimasak ke dalam mangkuk dengan sudu berlubang, mengekalkan titisan dalam kuali. Goreng pautan sosej Itali dalam titisan sehingga perang dan tidak lagi merah jambu di tengah, kira-kira 10 minit. Hiris sosej.

e) Panaskan ketuhar hingga 400 darjah F (200 darjah C). Griskan kuali besi tuang 12 inci dengan 2 sudu besar minyak biji anggur.

f) Tekan doh ke dalam dan ke atas sisi kuali yang disediakan. Tebuk lubang pada doh dengan garpu untuk mengelakkan gelembung udara. Sapukan sos pizza di sekeliling dasar kerak. Taburkan 1/3 cawan keju mozzarella di atas sos; lapisan separuh sosej pukal, separuh sosej yang dihiris, dan separuh pepperoni di atas keju. Ulangi lapisan daging. Teratas dengan baki 1/3 cawan keju mozzarella.

g) Bakar dalam ketuhar yang telah dipanaskan di rak bawah sehingga kerak berwarna perang keemasan, kira-kira 25 minit. Berus kerak dengan 1 sudu mentega; musim dengan perasa Itali dan serbuk bawang putih. Keluarkan pizza dari kuali dan biarkan selama 3 hingga 5 minit sebelum dihiris.

42. Piza ramen pepperoni palsu

BAHAN-BAHAN:
- 1 (3 oz.) bungkusan mi ramen, sebarang perisa
- 1 sudu besar minyak zaitun
- 1 (14 oz.) balang sos spageti
- 1 C. keju mozzarella rendah lemak, dicincang
- 3 oz. pepperoni ayam belanda
- 1/2 sudu teh oregano kering

ARAHAN:

a) Sebelum anda melakukan apa-apa, panaskan dahulu ayam pedaging ketuhar.

b) Sediakan mee mengikut arahan pada bungkusan tanpa paket perasa. Toskan ia.

c) Letakkan kuali kalis ketuhar yang besar di atas api sederhana. Panaskan minyak di dalamnya. Tumis mee di dalamnya dan tekan ke bahagian bawahnya selama 2 minit untuk membuat kerak .

d) Tuangkan sos ke seluruh mee dan atasnya dengan 2 oz. hirisan pepperoni. Taburkan keju di atas diikuti dengan baki pepperoni dan oregano.

e) Pindahkan kuali ke dalam ketuhar dan masak selama 2 hingga 3 minit atau sehingga keju cair.

f) Biarkan pizza anda hilang api selama 6 minit. hidangkan la.

g) Nikmati.

43. Piza Pepperoni dan Sayuran

BAHAN-BAHAN:
- doh pizza
- 1/2 cawan sos pizza
- 1 1/2 cawan keju mozzarella yang dicincang
- 1/2 cawan hirisan pepperoni
- 1/2 cawan hirisan lada benggala (pelbagai warna)
- 1/2 cawan buah zaitun hitam yang dihiris

ARAHAN:
a) Panaskan ketuhar dan canai doh pizza.
b) Sapukan sos pizza ke atas doh.
c) Taburkan keju mozzarella rata di atasnya.
d) Susun hirisan pepperoni, lada benggala dan buah zaitun hitam di atas keju.
e) Bakar mengikut arahan doh pizza sehingga kerak keemasan dan topping masak.

44. Piza BBQ Pepperoni dan Bacon

BAHAN-BAHAN:
- doh pizza
- 1/2 cawan sos barbeku
- 1 1/2 cawan keju mozzarella yang dicincang
- 1/2 cawan hirisan pepperoni
- 1/2 cawan daging masak dan hancur
- hirisan bawang merah (pilihan)

ARAHAN:
a) Panaskan ketuhar dan canai doh pizza.
b) Sapukan sos barbeku ke atas doh.
c) Taburkan keju mozzarella rata di atasnya.
d) Susun hirisan pepperoni dan bacon hancur di atas keju.
e) Masukkan hirisan bawang merah jika suka.
f) Bakar mengikut arahan doh pizza sehingga kerak keemasan dan topping berbuih.

45.Pepperoni dan Pesto Pizza

BAHAN-BAHAN:
- doh pizza
- 1/2 cawan sos pesto
- 1 1/2 cawan keju mozzarella yang dicincang
- 1/2 cawan hirisan pepperoni
- Tomato ceri, dibelah dua
- Arugula segar untuk topping

ARAHAN:
a) Panaskan ketuhar dan canai doh pizza.
b) Sapukan sos pesto ke atas doh.
c) Taburkan keju mozzarella rata di atasnya.
d) Susun hirisan pepperoni dan tomato ceri separuh di atas keju.
e) Bakar mengikut arahan doh pizza sehingga kerak keemasan dan topping masak.
f) Teratas dengan arugula segar sebelum dihidangkan.

46. Pizza Alfredo Pepperoni dan Cendawan

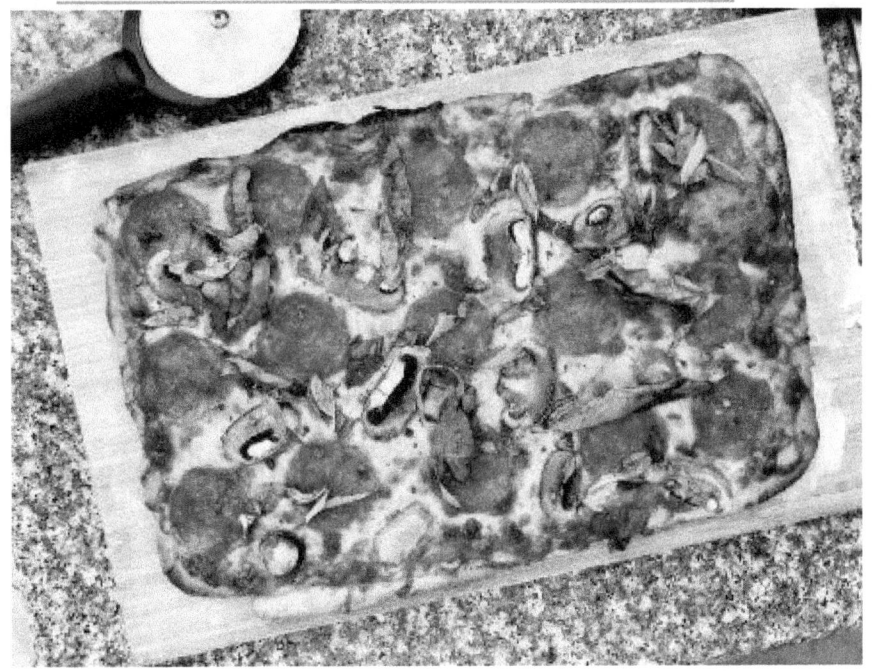

BAHAN-BAHAN:
- doh pizza
- 1/2 cawan sos Alfredo
- 1 1/2 cawan keju mozzarella yang dicincang
- 1/2 cawan hirisan pepperoni
- 1 cawan cendawan dihiris
- Pasli segar untuk hiasan

ARAHAN:
a) Panaskan ketuhar dan canai doh pizza.
b) Sapukan sos Alfredo ke atas doh.
c) Taburkan keju mozzarella rata di atasnya.
d) Susun hirisan pepperoni dan cendawan di atas keju.
e) Bakar mengikut arahan doh pizza sehingga kerak keemasan dan topping masak.
f) Hiaskan dengan pasli segar sebelum dihidangkan.

47. Pizza Articok Pepperoni dan Bayam

BAHAN-BAHAN:
- doh pizza
- Celup articok bayam
- 1 1/2 cawan keju mozzarella yang dicincang
- 1/2 cawan hirisan pepperoni
- Daun bayam segar
- Keju Parmesan parut untuk topping

ARAHAN:
a) Panaskan ketuhar dan canai doh pizza.
b) Sapukan celup articok bayam ke atas doh.
c) Taburkan keju mozzarella rata di atasnya.
d) Susun hirisan pepperoni dan daun bayam segar di atas keju.
e) Bakar mengikut arahan doh pizza sehingga kerak keemasan dan topping berbuih.
f) Taburkan keju Parmesan parut di atas sebelum dihidangkan.

48. Pizza Pepperoni dan Chicken Alfredo Flatbread

BAHAN-BAHAN:
- Roti pipih atau naan
- 1/2 cawan sos Alfredo
- 1 cawan ayam masak dan cincang
- 1/2 cawan pepperoni potong dadu
- 1 cawan keju mozzarella yang dicincang
- Daun selasih segar untuk hiasan

ARAHAN:
a) Panaskan ketuhar hingga 400°F (200°C).
b) Letakkan roti rata di atas loyang.
c) Sapukan sos Alfredo ke atas roti rata.
d) Edarkan ayam cincang dan pepperoni potong dadu secara rata ke atas sos.
e) Taburkan keju mozzarella di atasnya.
f) Bakar selama 12-15 minit atau sehingga keju cair dan keemasan.
g) Hiaskan dengan daun selasih segar sebelum dihidangkan.

49.Pizza Mug Microwave

BAHAN-BAHAN:
- 4 sudu besar tepung serba guna
- ⅛ sudu teh serbuk penaik
- 1/16 sudu teh baking soda
- ⅛ sudu teh garam
- 3 sudu besar susu
- 1 sudu besar minyak zaitun
- 1 sudu besar sos marinara
- 1 sudu besar keju mozzarella yang dicincang
- 5 biji pepperoni mini
- ½ sudu teh herba Itali kering

ARAHAN:

a) Campurkan tepung, serbuk penaik, soda penaik, dan garam dalam cawan mikro.

b) Masukkan susu dan minyak kemudian gaul.

c) Sendukkan sos marinara dan sapukan di sekeliling permukaan adunan.

d) Taburkan pada keju, pepperoni, dan herba kering

e) Ketuhar gelombang mikro selama 1 minit 20 saat, atau sehingga ia naik dan topping menggelegak .

50. Pizza Pepperoni dan Ayam Kerbau

BAHAN-BAHAN:
- doh pizza
- 1/2 cawan sos kerbau
- 1 1/2 cawan keju mozzarella yang dicincang
- 1/2 cawan hirisan pepperoni
- 1/2 cawan ayam yang dimasak dan dicincang di tos dalam sos kerbau
- Keju biru hancur untuk topping

ARAHAN:
a) Panaskan ketuhar dan canai doh pizza.
b) Sapukan sos kerbau ke atas doh.
c) Taburkan keju mozzarella rata di atasnya.
d) Susun hirisan pepperoni dan ayam kerbau di atas keju.
e) Bakar mengikut arahan doh pizza sehingga kerak keemasan dan topping masak.
f) Teratas dengan keju biru hancur sebelum dihidangkan.

51.Pizza Mac Cheese

BAHAN-BAHAN:
- 1 pakej (7-1/4 auns) campuran makan malam makaroni dan keju
- 6 cawan air
- 1 paun daging lembu kisar
- 1 bawang sederhana, dicincang
- 1 lada hijau kecil, dicincang
- 1-1/2 cawan keju mozzarella bahagian-skim yang dicincang, dibahagikan
- 1-1/2 cawan keju cheddar yang dicincang, dibahagikan
- 1 balang (14 auns) sos pizza
- 1/2 cawan hirisan pepperoni

ARAHAN:
a) Letakkan paket keju dari adunan makan malam ketepikan. Didihkan air dalam periuk. Masukkan makaroni; masak selama 8-10 minit, sehingga lembut.
b) Sementara itu, masak lada hijau, bawang dan daging lembu dalam kuali besar pada api sederhana sehingga tidak lagi merah jambu; longkang.
c) Toskan makaroni; dan kacau dalam kandungan paket keju. Pindahkan ke pusingan 2-1/2-qt. loyang yang disalut dengan gris. Taburkan dengan 1/2 cawan keju cheddar dan 1/2 cawan keju mozzarella. Letakkan pepperoni, sos pizza, campuran daging lembu, dan lebihan keju di atas.
d) Bakar tanpa penutup selama 30-35 minit pada 350 °, sehingga dipanaskan dengan baik.

52.Pepperoni dan Piza Mediterranean

BAHAN-BAHAN:
- doh pizza
- 1/2 cawan hummus
- 1 1/2 cawan keju mozzarella yang dicincang
- 1/2 cawan hirisan pepperoni
- Tomato ceri, dibelah dua
- Buah zaitun Kalamata, dihiris
- Keju feta hancur untuk topping

ARAHAN:

a) Panaskan ketuhar dan canai doh pizza.

b) Sapukan hummus ke atas doh.

c) Taburkan keju mozzarella rata di atasnya.

d) Susun hirisan pepperoni, tomato ceri dan buah zaitun Kalamata di atas keju.

e) Bakar mengikut arahan doh pizza sehingga kerak keemasan dan topping masak.

f) Teratas dengan keju feta hancur sebelum dihidangkan.

PASTA

53. Pepperoni dan Sosej Pasta Bakar

BAHAN-BAHAN:
- 8 auns pasta penne
- 1/2 cawan pepperoni potong dadu
- 1/2 cawan sosej Itali yang dimasak dan hancur
- 1 tin (14 oz) tomato dihancurkan
- 1 cawan keju mozzarella yang dicincang
- 1/4 cawan parut keju Parmesan
- 1 sudu teh oregano kering
- 1/2 sudu teh serbuk bawang putih
- Garam dan lada sulah secukup rasa

ARAHAN:
a) Masak pasta penne mengikut arahan pakej; longkang.
b) Panaskan ketuhar hingga 375°F (190°C).
c) Dalam mangkuk besar, campurkan pasta yang dimasak, pepperoni potong dadu, sosej hancur, tomato hancur, oregano, serbuk bawang putih, garam dan lada sulah.
d) Pindahkan adunan ke dalam loyang dan taburkan dengan keju mozzarella dan Parmesan.
e) Bakar selama 20-25 minit atau sehingga keju cair dan berbuih.
f) Biarkan sejuk sedikit sebelum dihidangkan.

54. Lasagna Pepperoni

BAHAN-BAHAN:
- ¾ lb. daging lembu kisar
- ¼ sudu teh lada hitam yang dikisar
- ½ paun salami, dicincang
- 9 mi lasagna
- ½ lb. sosej pepperoni, dicincang
- 4 cawan keju mozzarella yang dicincang
- 1 biji bawang, dikisar
- 2 Cawan keju kotej
- 2 (14.5 auns) tin tomato rebus
- 9 keping keju Amerika putih
- 16 auns sos tomato
- keju Parmesan parut
- 6 auns pes tomato
- 1 sudu kecil serbuk bawang putih
- 1 sudu teh oregano kering
- ½ sudu teh garam

ARAHAN:

a) Goreng pepperoni, daging lembu, bawang, dan salami selama 10 Minit. Keluarkan lebihan minyak. Masukkan semuanya ke dalam periuk perlahan anda dengan sedikit lada, sos tomato dan pes, garam, tomato rebus, oregano dan serbuk bawang putih selama 2 jam.

b) Hidupkan ketuhar anda kepada 350 darjah sebelum meneruskan.

c) Rebus lasagna anda dalam air masin sehingga al dente selama 10 minit, kemudian keluarkan semua air.

d) Dalam hidangan pembakar anda, sapukan salutan ringan sos kemudian lapiskan: ⅓ mi, 1 ¼ cawan mozzarella, ⅔ Cawan keju kotej, hirisan keju Amerika, 4 sudu teh parmesan, ⅓ daging. Teruskan sehingga hidangan penuh.

e) Masak selama 30 Minit.

55. Kerang Sumbat Pepperoni dan Brokoli Alfredo

BAHAN-BAHAN:
- 1 kotak kerang pasta jumbo, dimasak mengikut arahan pakej
- 1/2 cawan pepperoni potong dadu
- 2 cawan brokoli yang dimasak dan dicincang
- 2 cawan sos Alfredo
- 1 cawan keju mozzarella yang dicincang
- 1/4 cawan parut keju Parmesan
- Pasli segar untuk hiasan

ARAHAN:
a) Panaskan ketuhar hingga 375°F (190°C).
b) Dalam mangkuk, campurkan bersama pepperoni potong dadu, brokoli cincang, dan 1 cawan sos Alfredo.
c) Sumbat setiap kulit pasta yang telah dimasak dengan adunan.
d) Letakkan cengkerang yang disumbat dalam hidangan pembakar dan tutup dengan baki sos Alfredo.
e) Taburkan dengan keju mozzarella dan Parmesan.
f) Bakar selama 25-30 minit atau sehingga cangkerang dipanaskan dan keju cair.
g) Hiaskan dengan pasli segar sebelum dihidangkan.

56. Pepperoni dan Ricotta Stuffed Shells

BAHAN-BAHAN:
- 1 kotak kerang pasta jumbo, dimasak mengikut arahan pakej
- 1/2 cawan pepperoni potong dadu
- 1 cawan keju ricotta
- 1 cawan keju mozzarella yang dicincang
- 1 biji telur
- 2 cawan sos marinara
- Pasli segar untuk hiasan

ARAHAN:
a) Panaskan ketuhar hingga 375°F (190°C).
b) Dalam mangkuk, campurkan pepperoni potong dadu, keju ricotta, keju mozzarella dan telur.
c) Sumbat setiap kulit pasta yang telah dimasak dengan adunan.
d) Letakkan kerang yang telah disumbat dalam bekas pembakar dan tutup dengan sos marinara.
e) Bakar selama 25-30 minit atau sehingga kulit kerang dipanaskan.
f) Hiaskan dengan pasli segar sebelum dihidangkan.

57. Rigatoni Bakar Pepperoni Cheesy

BAHAN-BAHAN:
- 16 oz pasta rigatoni
- 1 sudu besar minyak zaitun
- 1 bawang kecil, dicincang halus
- 2 ulas bawang putih, dikisar
- 24 oz sos marinara
- ½ sudu teh oregano kering
- ½ sudu teh selasih kering
- Garam dan lada sulah secukup rasa
- 2 cawan keju mozzarella yang dicincang
- 1 cawan keju Parmesan parut
- 40 keping pepperoni
- Pasli segar untuk hiasan, dicincang

ARAHAN:
a) Masak pasta rigatoni mengikut arahan pakej sehingga al dente.
b) Toskan dan ketepikan.
SEDIAKAN SOS:
c) Dalam kuali besar, panaskan minyak zaitun dengan api sederhana.
d) Masukkan bawang merah dan bawang putih yang dicincang, dan tumis hingga lut sinar.
e) Masukkan sos marinara, oregano kering, selasih kering, garam dan lada sulah.
f) Rebus selama beberapa minit, kemudian keluarkan dari haba.
MASUKKAN DAN BAKAR:
g) Panaskan ketuhar anda kepada 375°F (190°C).
h) Dalam mangkuk adunan yang besar, satukan pasta rigatoni yang telah dimasak dan separuh daripada keju mozzarella dan keju Parmesan yang dicincang.
i) Masukkan sos tomato yang telah disediakan dan gaul sehingga pasta bersalut dengan baik.
j) Dalam loyang bersaiz 9x13 inci yang telah digris, sapukan sedikit adunan pasta di bahagian bawah.
k) Letakkan lapisan hirisan pepperoni di atas.
l) Teruskan dengan lapisan lain campuran pasta, diikuti dengan lapisan pepperoni.

m) Ulangi lapisan sehingga semua bahan digunakan, diakhiri dengan lapisan pepperoni di atasnya.

n) Taburkan baki mozzarella yang dicincang dan keju Parmesan di atas lapisan atas pepperoni.

o) Tutup loyang dengan foil dan bakar selama kira-kira 20 minit.

p) Keluarkan foil dan bakar selama 10 minit tambahan atau sehingga keju cair dan berbuih.

q) Jika suka, anda boleh memanggang hidangan selama satu atau dua minit untuk mendapatkan keju di atas keemasan dan rangup.

r) Setelah selesai, keluarkan dari ketuhar, hiaskan dengan pasli segar, dan sajikan panas pada pinggan individu.

58.Pepperoni dan Tomato Penne Pasta

BAHAN-BAHAN:
- 8 oz pasta penne
- 1/2 cawan pepperoni potong dadu
- 1/2 cawan tomato ceri, dibelah dua
- 2 ulas bawang putih, dikisar
- 1/4 sudu teh serpihan lada merah (pilihan)
- 1/4 cawan parut keju Parmesan
- Daun selasih segar untuk hiasan
- Minyak zaitun
- Garam dan lada hitam secukup rasa

ARAHAN:
a) Masak pasta penne mengikut arahan pakej. Toskan dan ketepikan.
b) Dalam kuali, panaskan minyak zaitun dengan api sederhana. Masukkan bawang putih kisar dan lada sulah. Tumis hingga pepperoni garing sedikit.
c) Masukkan tomato ceri dan masak sehingga ia mula empuk.
d) Masukkan pasta penne yang telah dimasak, kepingan lada merah (jika menggunakan), dan keju Parmesan parut. Gaul sehingga sebati.
e) Perasakan dengan garam dan lada hitam secukup rasa.
f) Hiaskan dengan daun selasih segar sebelum dihidangkan.

59. Pepperoni dan Brokoli Alfredo Linguine

BAHAN-BAHAN:
- 8 oz pasta linguine
- 1/2 cawan pepperoni potong dadu
- 1 cawan kuntum brokoli
- 1 cawan sos Alfredo
- 1/4 cawan parut keju Pecorino Romano
- Garam dan lada hitam secukup rasa
- Pasli segar untuk hiasan

ARAHAN:

a) Masak pasta linguine mengikut arahan pakej. Masukkan brokoli ke dalam air mendidih dalam 3 minit terakhir memasak. Toskan dan ketepikan.

b) Dalam kuali, panaskan sos Alfredo dengan api sederhana. Masukkan pepperoni potong dadu dan masak selama beberapa minit sehingga panas.

c) Masukkan linguine dan brokoli yang telah dimasak. Gaul sehingga bersalut dengan sos Alfredo.

d) Taburkan keju Pecorino Romano parut ke atas pasta dan gaul.

e) Perasakan dengan garam dan lada hitam secukup rasa.

f) Hiaskan dengan pasli segar sebelum dihidangkan.

60. Pepperoni dan Bayam Rigatoni dengan Marinara

BAHAN-BAHAN:
- 8 oz pasta rigatoni
- 1/2 cawan pepperoni potong dadu
- 2 cawan bayi bayam
- 2 cawan sos marinara
- 1/4 cawan parut keju Parmesan
- Serpihan lada merah ditumbuk (pilihan)
- Minyak zaitun
- Garam dan lada hitam secukup rasa

ARAHAN:

a) Masak pasta rigatoni mengikut arahan pakej. Toskan dan ketepikan.

b) Dalam kuali, panaskan minyak zaitun dengan api sederhana. Masukkan pepperoni potong dadu dan tumis hingga garing sedikit.

c) Masukkan anak bayam ke dalam kuali dan masak sehingga layu.

d) Tuangkan sos marinara dan biarkan mendidih.

e) Masukkan rigatoni yang telah dimasak dan gaul sehingga bersalut dengan sos.

f) Perasakan dengan garam dan lada hitam secukup rasa. Masukkan kepingan lada merah yang telah dihancurkan untuk sedikit api jika mahu.

g) Taburkan keju Parmesan parut ke atas pasta sebelum dihidangkan.

61. Spaghetti Lada dan Cendawan Aglio e Olio

BAHAN-BAHAN:
- 8 oz spageti
- 1/2 cawan pepperoni potong dadu
- 1 cawan cendawan dihiris
- 4 ulas bawang putih, hiris nipis
- 1/4 sudu teh serpihan lada merah (pilihan)
- 1/4 cawan pasli segar yang dicincang
- Minyak zaitun
- Garam dan lada hitam secukup rasa

ARAHAN:
a) Masak spageti mengikut arahan pakej. Toskan dan ketepikan.
b) Dalam kuali besar, panaskan minyak zaitun di atas api sederhana. Masukkan hirisan bawang putih dan masak hingga kekuningan.
c) Masukkan pepperoni potong dadu dan cendawan yang dihiris ke dalam kuali. Tumis sehingga cendawan empuk.
d) Masukkan spageti yang telah dimasak, kepingan lada merah (jika menggunakan), dan pasli segar yang dicincang. Gaul sehingga bersalut dengan minyak yang diselitkan bawang putih.
e) Perasakan dengan garam dan lada hitam secukup rasa.
f) Hidangkan panas.

62. Pepperoni dan Tomato Kering Matahari Pesto Cavatappi

BAHAN-BAHAN:
- 8 oz pasta cavatappi
- 1/2 cawan pepperoni potong dadu
- 1/3 cawan pesto tomato kering matahari
- 1/2 cawan tomato ceri, dibelah dua
- 1/4 cawan hirisan buah zaitun hitam
- 1/4 cawan keju feta hancur
- Daun selasih segar untuk hiasan
- Minyak zaitun
- Garam dan lada hitam secukup rasa

ARAHAN:
a) Masak pasta cavatappi mengikut arahan pakej. Toskan dan ketepikan.
b) Dalam kuali, panaskan minyak zaitun dengan api sederhana. Masukkan pepperoni potong dadu dan tumis hingga garing sedikit.
c) Masukkan pesto tomato kering ke dalam kuali dan kacau hingga sebati.
d) Masukkan cavatappi yang telah dimasak, tomato ceri, buah zaitun hitam yang dihiris dan keju feta yang telah hancur. Gaul sehingga bersalut dengan pesto.
e) Perasakan dengan garam dan lada hitam secukup rasa.
f) Hiaskan dengan daun selasih segar sebelum dihidangkan.

63. Tumis Mee Pepperoni dan Zucchini

BAHAN-BAHAN:
- 8 oz mee zucchini
- 1/2 cawan pepperoni potong dadu
- 1 cawan kuntum brokoli
- 1/2 cawan hirisan lada benggala (pelbagai warna)
- 2 sudu besar kicap
- 1 sudu besar sos tiram
- 1 sudu besar minyak bijan
- 1 sudu teh halia cincang
- Biji bijan untuk hiasan
- Bawang hijau, dihiris, untuk hiasan

ARAHAN:

a) Dalam kuali atau kuali besar, panaskan minyak bijan di atas api yang sederhana tinggi. Masukkan pepperoni potong dadu dan tumis hingga garing sedikit.

b) Masukkan bunga brokoli dan hirisan lada benggala ke dalam kuali. Tumis selama 3-4 minit sehingga sayur-sayuran empuk.

c) Masukkan mee zucchini dan halia kisar. Tumis selama 2-3 minit tambahan.

d) Dalam mangkuk kecil, campurkan kicap dan sos tiram. Tuangkan sos ke atas mee dan sayur-sayuran, kacau hingga sebati.

e) Hiaskan dengan bijan dan hirisan bawang hijau sebelum dihidangkan.

64. Pepperoni dan Fettuccine Lada Merah Panggang

BAHAN-BAHAN:
- 8 oz pasta fettuccine
- 1/2 cawan pepperoni potong dadu
- 1/2 cawan lada merah panggang, dihiris
- 1 cawan sos Alfredo
- 1/4 cawan parut keju Parmesan
- Pasli segar untuk hiasan
- Minyak zaitun
- Garam dan lada hitam secukup rasa

ARAHAN:

a) Masak pasta fettuccine mengikut arahan pakej. Toskan dan ketepikan.

b) Dalam kuali, panaskan minyak zaitun dengan api sederhana. Masukkan pepperoni potong dadu dan tumis hingga garing sedikit.

c) Masukkan lada merah panggang ke dalam kuali dan masak selama 2 minit lagi.

d) Tuangkan sos Alfredo dan biarkan mendidih.

e) Masukkan fettuccine yang telah dimasak dan keju Parmesan parut. Gaul sehingga bersalut dengan sos Alfredo.

f) Perasakan dengan garam dan lada hitam secukup rasa.

g) Hiaskan dengan pasli segar sebelum dihidangkan.

65. Spaghetti Lemon Pepperoni dan Asparagus

BAHAN-BAHAN:
- 8 oz spageti
- 1/2 cawan pepperoni potong dadu
- 1 tandan asparagus, dipotong dan dipotong menjadi kepingan bersaiz gigitan
- Perahan dan jus 1 lemon
- 2 sudu besar minyak zaitun
- 1/4 cawan parut keju Pecorino Romano
- Daun thyme segar untuk hiasan
- Garam dan lada hitam secukup rasa

ARAHAN:

a) Masak spageti mengikut arahan pakej. Toskan dan ketepikan.

b) Dalam kuali besar, panaskan minyak zaitun di atas api sederhana. Masukkan pepperoni potong dadu dan tumis hingga garing sedikit.

c) Masukkan kepingan asparagus ke dalam kuali dan masak sehingga lembut.

d) Masukkan spageti yang telah dimasak, kulit limau dan jus lemon. Gaul sehingga sebati.

e) Taburkan keju Pecorino Romano parut ke atas pasta dan gaul.

f) Perasakan dengan garam dan lada hitam secukup rasa.

HIDANGAN UTAMA

66. Pepperoni dan Roti Pipi Pesto Tomato Keringkan Matahari

BAHAN-BAHAN:
- Roti rata atau kerak pizza
- 1/2 cawan pesto tomato kering matahari
- 1 cawan hirisan pepperoni
- 1/2 cawan buah zaitun hitam yang dihiris
- 1 1/2 cawan keju mozzarella yang dicincang
- Daun selasih segar untuk hiasan

ARAHAN:
a) Panaskan ketuhar mengikut arahan roti rata atau kerak pizza.
b) Sapukan pesto tomato kering di atas roti rata.
c) Edarkan hirisan pepperoni dan buah zaitun hitam secara rata di atasnya.
d) Taburkan keju mozzarella di atas topping.
e) Bakar mengikut arahan roti rata atau kerak pizza sehingga keju cair dan berbuih.
f) Hiaskan dengan daun selasih segar sebelum dihidangkan.

67. Carbquik Pizza Casserole

BAHAN-BAHAN:
UNTUK KASEROL:
- 2 cawan Carbquik
- ½ sudu teh perasa Itali (atau basil kering dan oregano)
- ¼ sudu teh serbuk bawang putih
- ¼ sudu teh serbuk bawang
- ¼ sudu teh garam
- ¼ sudu teh lada hitam
- 2 biji telur besar
- ½ cawan susu badam tanpa gula atau santan
- ¼ cawan minyak zaitun
- ½ cawan keju Parmesan parut

UNTUK TOPPING:
- 1 cawan sos pizza tanpa gula atau sos marinara
- 2 cawan keju mozzarella yang dicincang
- ½ cawan hirisan pepperoni

ARAHAN:

a) Panaskan ketuhar anda kepada 375°F (190°C). Griskan loyang 9x13 inci dengan minyak masak atau mentega.

b) Dalam mangkuk adunan, pukul bersama Carbquik, perasa Itali, serbuk bawang putih, serbuk bawang, garam dan lada hitam.

c) Dalam mangkuk yang berasingan, pukul telur, susu badam atau santan, dan minyak zaitun sehingga sebati.

d) Tuangkan adunan telur basah ke dalam adunan Carbquik kering dan kacau sehingga menjadi doh yang pekat.

e) Tekan doh rata ke bahagian bawah loyang yang telah digris untuk membentuk lapisan kerak.

f) Taburkan keju Parmesan parut rata ke atas doh.

g) Sapukan sos pizza tanpa gula atau sos marinara ke atas keju Parmesan.

h) Taburkan keju mozzarella yang dicincang rata di atas sos.

i) Masukkan pepperoni rata ke atas keju.

j) Bakar dalam ketuhar yang telah dipanaskan selama kira-kira 20-25 minit, atau sehingga kerak berwarna keemasan dan keju berbuih dan sedikit perang.

k) Setelah selesai, keluarkan kaserol dari ketuhar dan biarkan ia sejuk sedikit sebelum dihiris dan dihidangkan.

l) Nikmati kaserol piza Carbquik anda sebagai alternatif rendah karbohidrat kepada piza tradisional.

68.Ayam Lada

BAHAN-BAHAN:
- 4 dada ayam sederhana; tanpa kulit dan tanpa tulang
- 14 oz. pes tomato
- 1 sudu besar. minyak zaitun
- 1 sudu kecil. oregano; dikeringkan
- 6 oz. mozzarella; dihiris
- 1 sudu kecil. serbuk Bawang putih
- 2 oz. pepperoni; dihiris
- Garam dan lada hitam secukup rasa

ARAHAN:
a) Dalam mangkuk, campurkan ayam dengan garam, lada sulah, serbuk bawang putih dan oregano dan toskan.
b) Masukkan ayam ke dalam penggoreng udara anda, masak pada 350 °F, selama 6 minit dan pindahkan ke kuali yang sesuai dengan penggoreng udara anda.
c) Tambah hirisan mozzarella di atas, sapukan pes tomato, atas dengan hirisan pepperoni, masukkan ke dalam penggoreng udara anda dan masak pada 350 °F, selama 15 minit lagi. Bahagikan antara pinggan dan hidangkan.

69. Pepperoni dan Cendawan Calzone

BAHAN-BAHAN:
- doh pizza
- 1/2 cawan sos pizza
- 1 cawan cendawan dihiris
- 1/2 cawan pepperoni potong dadu
- 1 1/2 cawan keju mozzarella yang dicincang
- 1 sudu besar minyak zaitun
- Oregano kering untuk hiasan

ARAHAN:
a) Panaskan ketuhar hingga 425°F (220°C).
b) Canai doh pizza di atas permukaan yang ditaburkan tepung.
c) Sapukan sos pizza ke atas separuh doh, tinggalkan sempadan di sekeliling tepi.
d) Lapiskan hirisan cendawan dan pepperoni potong dadu di atas sos, kemudian taburkan dengan keju mozzarella.
e) Lipat separuh lagi doh di atas topping dan kelimkan tepi untuk mengelak.
f) Sapu bahagian atas dengan minyak zaitun dan taburkan dengan oregano kering.
g) Bakar selama 15-20 minit atau sehingga calzone berwarna keemasan dan keju cair.
h) Biarkan sejuk sedikit sebelum dihiris dan dihidangkan.

70. Dada Ayam Sumbat Lada dan Bayam

BAHAN-BAHAN:
- 4 dada ayam tanpa tulang dan tanpa kulit
- 1/2 cawan pepperoni potong dadu
- 1 cawan bayam segar yang dicincang
- 1 cawan keju mozzarella yang dicincang
- 2 sudu besar minyak zaitun
- Garam dan lada sulah secukup rasa

ARAHAN:
a) Panaskan ketuhar hingga 375°F (190°C).
b) Kupu-kupu setiap dada ayam.
c) Dalam mangkuk, satukan pepperoni potong dadu, bayam cincang dan keju mozzarella.
d) Sumbat setiap dada ayam dengan campuran pepperoni dan bayam.
e) Selamat dengan pencungkil gigi jika perlu.
f) Perasakan dada ayam yang disumbat dengan garam dan lada sulah.
g) Panaskan minyak zaitun dalam kuali yang selamat untuk ketuhar di atas api sederhana tinggi.
h) Perangkan ayam di kedua-dua belah, kemudian pindahkan kuali ke dalam ketuhar.
i) Bakar selama 20-25 minit atau sehingga ayam masak.
j) Biarkan berehat sebelum dihidangkan.

71. Sup Pizza Dengan Crouton Roti Bakar Bawang Putih

BAHAN-BAHAN:
- 1 tin (28 auns) tomato dipotong dadu, toskan
- 1 tin (15 auns) sos pizza
- 1 paun dada ayam tanpa kulit tanpa tulang, potong 1 inci
- 1 pakej (3 auns) pepperoni dihiris, dibelah dua
- 1 cawan cendawan segar yang dihiris
- 1 bawang kecil, dicincang
- 1/2 cawan lada hijau dicincang
- 1/4 sudu teh lada
- 2 tin (14-1/2 auns setiap satu) sup ayam
- 1 pakej (11-1/4 auns) roti bakar Texas bawang putih beku
- 1 bungkusan (10 auns) bayam cincang beku, dicairkan dan diperah kering
- 1 cawan keju mozzarella bahagian-skim yang dicincang

ARAHAN:
a) Campurkan 9 bahan pertama dalam 6-qt. periuk perlahan. Masak dengan api kecil, bertutup, selama 6-8 minit sehingga ayam empuk.
b) Crouton: Potong roti bakar Texas kepada kiub. Bakar mengikut arahan pakej.
c) Masukkan bayam ke dalam sup kemudian panaskan, sekali-sekala gaul.
d) Letakkan crouton suam dan keju di atas hidangan. Pembekuan: Dalam bekas penyejuk beku, bekukan sup sejuk. Menggunakan: dalam peti sejuk, separa cair semalaman. Dalam periuk, panaskan, sekali-sekala gaul. Sediakan crouton seperti yang diarahkan. Letakkan crouton dan keju di atas sup.

72. Pepperoni dan Cumi Berkulit Tepung Jagung

BAHAN-BAHAN:
- 1 paun cincin calamari, dibersihkan dan dicairkan jika dibekukan
- 1/2 cawan tepung jagung yang dikisar halus
- 1/2 cawan tepung serba guna
- 1 sudu teh paprika salai
- Garam dan lada sulah secukup rasa
- 1 cawan hirisan pepperoni
- Sos marinara untuk dicelup

ARAHAN:
a) Dalam mangkuk, satukan tepung jagung, tepung, paprika salai, garam dan lada sulah.
b) Korek setiap cincin cumi dalam campuran tepung jagung.
c) Panaskan minyak dalam kuali dengan api sederhana tinggi.
d) Goreng cincin cumi hingga perang keemasan dan garing.
e) Pada minit terakhir menggoreng, masukkan hirisan pepperoni ke dalam kuali.
f) Toskan di atas tuala kertas dan hidangkan bersama sos marinara untuk dicelup.

73. Grill calzones

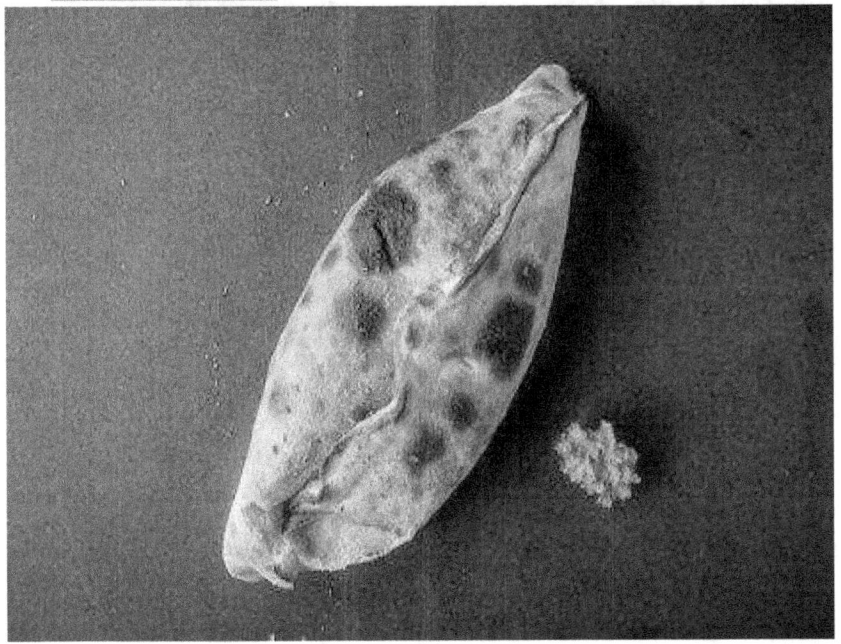

BAHAN-BAHAN:
- 2 sudu besar. Marjerin atau mentega, dilembutkan
- 8 keping roti sandwic putih
- 1/2 cawan sos pizza
- 2 cawan keju Monterey Jack yang dicincang
- 12 segmen nipis salami atau pepperoni
- Sos pizza, jika mahu

ARAHAN:
a) Panaskan arang atau gril gas. Sapukan marjerin pada 1 sisi 2 bahagian roti. Letakkan 1 bahagian, bahagian marjerin di atas panggangan

b) Sudukan 2 sudu besar sos pizza ke tengah roti. Taburkan dengan 1/2 cawan keju; atas dengan 3 segmen salami.

c) Teratas dengan bahagian roti lain, bahagian marjerin di luar. Tutup tekan; potong lebihan roti jika perlu.

d) Grill 4 hingga 6 inci dari api sederhana 8 hingga 10 minit, berputar sekali, sehingga roti berwarna perang keemasan dan keju cair. replikasi dengan bahan-bahan yang tinggal.

e) Hidangkan hangat bersama sos pizza

74. Bebola Daging Lada

BAHAN-BAHAN:
- 2 paun ayam kisar
- 1 sudu teh garam atau secukup rasa
- 2 biji telur, dipukul
- 1 sudu kecil lada atau secukup rasa
- ½ paun hirisan pepperoni, dicincang
- Sos pedas secukup rasa (pilihan)

ARAHAN:

a) Satukan ayam, garam, telur, lada sulah, dan pepperoni dalam mangkuk.

b) Sediakan lembaran pembakar dengan melapiknya dengan kertas kertas dan panaskan ketuhar anda hingga 350° F.

c) Buat 16 bebola daripada adunan dan letakkan di atas loyang.

d) Bakar bebola daging lebih kurang 20-30 minit atau sehingga perang dan masak. Tolak bebola dua kali semasa membakar, supaya mereka masak dengan baik. Atau anda juga boleh memasak bebola dalam kuali.

75. Pepperoni dan Lada Loceng Sumbat Sayuran

BAHAN-BAHAN:
- Lada benggala, dibelah dua dan dibersihkan
- 1 cawan nasi masak
- 1/2 cawan pepperoni potong dadu
- 1/2 cawan tomato potong dadu
- 1/2 cawan zucchini potong dadu
- 1/2 cawan keju mozzarella yang dicincang
- 1 sudu teh perasa Itali
- Garam dan lada sulah secukup rasa

ARAHAN:
a) Panaskan ketuhar hingga 375°F (190°C).
b) Dalam mangkuk, campurkan bersama nasi yang telah dimasak, pepperoni dadu, tomato dadu, zucchini dadu, keju mozzarella, perasa Itali, garam dan lada sulah.
c) Sumbat setiap separuh lada benggala dengan adunan.
d) Letakkan lada yang disumbat dalam hidangan pembakar dan tutup dengan kerajang.
e) Bakar selama 25-30 minit atau sehingga lada empuk.
f) Hidangkan hangat.

76. Pepperoni dan Stromboli Sayuran

BAHAN-BAHAN:
- doh pizza
- 1/2 cawan sos pizza
- 1 cawan lada benggala yang dihiris (pelbagai warna)
- 1/2 cawan hirisan bawang merah
- 1/2 cawan buah zaitun hitam yang dihiris
- 1/2 cawan pepperoni potong dadu
- 1 1/2 cawan keju mozzarella yang dicincang
- Minyak zaitun untuk memberus

ARAHAN:
a) Panaskan ketuhar hingga 425°F (220°C).
b) Canai doh pizza di atas permukaan yang ditaburkan tepung.
c) Sapukan sos pizza ke atas doh, tinggalkan sempadan di sekeliling tepi.
d) Lapiskan lada benggala, bawang merah, zaitun hitam, lada benggala yang dipotong dadu dan keju mozzarella di atas sos.
e) Gulungkan doh dengan ketat untuk membentuk kayu balak dan letakkan kelim di atas loyang.
f) Sapu bahagian atas dengan minyak zaitun.
g) Bakar selama 20-25 minit atau sehingga perang keemasan.
h) Biarkan sejuk sedikit sebelum dihiris.

77. Pepperoni dan Pesto Tortellini Bakar

BAHAN-BAHAN:
- 1 paun keju tortellini, dimasak mengikut arahan pakej
- 1/2 cawan pepperoni potong dadu
- 1 cawan tomato ceri, dibelah dua
- 1/2 cawan sos pesto
- 1 cawan keju mozzarella yang dicincang
- 1/4 cawan parut keju Parmesan
- Basil segar untuk hiasan

ARAHAN:
a) Panaskan ketuhar hingga 375°F (190°C).
b) Dalam mangkuk besar, gabungkan tortellini yang telah dimasak, pepperoni potong dadu, tomato ceri dan sos pesto.
c) Pindahkan adunan ke dalam loyang.
d) Taburkan dengan keju mozzarella dan Parmesan.
e) Bakar selama 20-25 minit atau sehingga keju cair dan berbuih.
f) Hiaskan dengan selasih segar sebelum dihidangkan.

SUP

78. Pepperoni Pizza Chowder

BAHAN-BAHAN:
- 8 oz. Pepperoni, potong dadu
- 5 oz. Cendawan, segar, dipotong dadu
- 28 oz. Tomato, tin, potong dadu, toskan
- 3 oz. Asas Daging Lembu
- 1 ea. Asas Sup Krim, 25.22 oz. beg, disediakan
- 0.05 oz. Oregano, segar, cincang
- 1 sudu kecil. Lada putih, dikisar
- 16 oz. Keju mozzarella, dicincang

ARAHAN:
a) Dalam periuk stok besar, dengan api sederhana, tumis pepperoni selama 3-5 minit. Masukkan cendawan dan tomato, masak tambahan 5 minit. Masukkan beef base, kacau rata hingga sebati. Masukkan Cream Soup Base, oregano dan lada putih, gaul rata dan panaskan. Masukkan keju mozzarella dan panaskan sehingga cair. Rizab hangat.

b) Untuk pinggan: Hidangkan 10.0 fl. oz. daripada pepperoni Chowder dalam mangkuk.

79. Cili Turki Rebus dengan Pepperoni

BAHAN-BAHAN:
- 1 sudu besar minyak zaitun (extra-virgin)
- 1 bawang sederhana, dipotong dadu
- Pepperoni, dicincang
- Ayam belanda 1 paun yang 99 peratus kurus
- 2 tin (15 oz.) kacang hitam yang telah dibasuh dan ditoskan
- 2 tin (15 oz.) kacang ginjal yang telah dicuci dan ditoskan
- 2 tin (15 oz.) sos tomato
- 2 tin (15 oz.) tomato kecil yang dipotong dadu
- 1 balang (16 oz.) lada jalapeno jinak dicincang, toskan
- 1 cawan jagung beku
- 2 sudu besar serbuk cili
- 1 sudu besar jintan manis
- Garam secukup rasa
- Secubit lada hitam

ARAHAN:
a) Panaskan minyak dalam kuali dengan api sederhana.
b) Masukkan ayam belanda ke dalam kuali dan tumis hingga keperangan.
c) Tuangkan ayam belanda ke dalam periuk perlahan.
d) Masukkan bawang, pepperoni, sos tomato, tomato dadu, kacang, jalapenos, jagung, serbuk cili, dan jintan manis. Kacau dan perasakan dengan garam dan lada sulah.
e) Tutup dan masak pada suhu tinggi selama 4 jam atau pada suhu rendah selama 6 jam.

80. Sup Keju Lada

BAHAN-BAHAN:
- 1 pint tomato anggur
- 2 sudu besar minyak zaitun, dibahagikan
- 1/2 sudu teh oregano kering
- 1/2 sudu teh lada, dibahagikan
- 3/4 cawan bawang manis dicincang
- 3/4 cawan lobak merah cincang
- 3/4 cawan lada hijau dicincang
- 1 karton (32 auns) air rebusan ayam terkurang natrium
- 1-1/4 cawan ubi kentang yang dikupas
- 3 cawan keju mozzarella bahagian-skim yang dicincang, dibahagikan
- 2 cawan keju cheddar putih yang dicincang
- 1 pakej (8 auns) krim keju, dikisar
- 1 cawan susu penuh
- 2 sudu teh pizza atau perasa Itali
- 1/4 sudu teh serpihan lada merah ditumbuk
- 2 bungkusan (satu 8 auns, satu 3-1/2 auns) dihiris pepperoni, dicincang, dibahagikan

ARAHAN:

a) Gris loyang 15x10x1 inci dan letakkan tomato, siramkannya dengan 1/4 sudu teh. lada, oregano, dan 1 sudu besar. minyak, dan toskan perlahan-lahan. Bakar sehingga lembut atau selama 10-15 minit pada suhu 400 darjah, kemudian, ketepikan.

b) Gunakan baki minyak untuk menumis bawang dalam ketuhar Belanda sehingga lembut. Masukkan baki lada, lada hijau, dan lobak merah, kemudian tumis selama 4 minit lagi.

c) Masukkan kentang dan sup, kemudian, biarkan mendidih. Kecilkan api kemudian masak sup bertutup sehingga kentang empuk, atau selama 10-15 minit, kemudian biarkan sejuk sedikit.

d) Proseskan sup secara berkelompok menggunakan pengisar sehingga ia licin, kemudian kembalikan semuanya ke dalam kuali, panaskan sepenuhnya. Kacau dalam kepingan lada, perasa pizza, susu, keju krim, keju cheddar dan 2 cawan keju mozzarella, sehingga semua keju cair.

e) Masukkan tomato yang dikhaskan dan 1 1/3 cawan pepperoni, biarkan panas. Hidangkan sup dengan baki pepperoni dan keju mozzarella.

81. Sup Lada dan Tomato

BAHAN-BAHAN:
- 2 sudu besar minyak zaitun
- 1 cawan bawang besar dipotong dadu
- 1 cawan saderi potong dadu
- 1 cawan lobak merah potong dadu
- 2 ulas bawang putih, dikisar
- 1/2 cawan pepperoni potong dadu
- 1 tin (28 oz) tomato dihancurkan
- 4 cawan air rebusan ayam atau sayur
- 1 sudu teh selasih kering
- Garam dan lada sulah secukup rasa
- 1/2 cawan pasta kecil (pilihan)

ARAHAN:
a) Dalam periuk besar, panaskan minyak zaitun dengan api sederhana. Masukkan bawang, saderi, dan lobak merah. Masak sehingga sayur empuk.
b) Masukkan bawang putih kisar dan lada sulah. Masak selama 2 minit tambahan.
c) Tuangkan tomato dan sup yang telah dihancurkan. Bawa hingga mendidih.
d) Kacau dalam basil kering, garam, dan lada sulah. Tambah pasta jika mahu.
e) Reneh selama 15-20 minit sehingga rasa sebati dan sayur lembut.
f) Hidangkan panas.

82. Pepperoni dan Sup Kacang

BAHAN-BAHAN:
- 2 sudu besar minyak zaitun
- 1 cawan bawang besar dipotong dadu
- 2 ulas bawang putih, dikisar
- 1/2 cawan pepperoni potong dadu
- 2 tin (15 oz setiap satu) kacang cannellini, toskan dan bilas
- 4 cawan air rebusan ayam atau sayur
- 1 sudu teh oregano kering
- Garam dan lada sulah secukup rasa
- Pasli segar untuk hiasan

ARAHAN:
a) Dalam periuk sup, panaskan minyak zaitun dengan api sederhana. Masukkan bawang besar dan masak hingga empuk.
b) Masukkan bawang putih kisar dan lada sulah. Masak selama 2 minit tambahan.
c) Kacau dalam kacang cannellini, sup, oregano kering, garam, dan lada.
d) Biarkan mendidih dan masak selama 15-20 minit.
e) Hiaskan dengan pasli segar sebelum dihidangkan.

83. Pepperoni dan Chowder Kentang

BAHAN-BAHAN:
- 3 sudu besar mentega
- 1 cawan bawang besar dipotong dadu
- 2 ulas bawang putih, dikisar
- 1/2 cawan pepperoni potong dadu
- 4 cawan kentang potong dadu
- 4 cawan air rebusan ayam atau sayur
- 1 cawan susu
- 1 cawan keju cheddar yang dicincang
- Garam dan lada sulah secukup rasa
- Bawang hijau dicincang untuk hiasan

ARAHAN:

a) Dalam periuk besar, cairkan mentega dengan api sederhana. Masukkan bawang dan masak sehingga lut sinar.

b) Masukkan bawang putih kisar dan lada sulah. Masak selama 2 minit tambahan.

c) Masukkan ubi kentang dan air rebusan. Didihkan, kemudian kecilkan api dan reneh hingga kentang empuk.

d) Masukkan susu, keju cheddar yang dicincang, garam dan lada sulah. Masak sehingga keju cair.

e) Hiaskan dengan bawang hijau cincang sebelum dihidangkan.

84.Sup Lada dan Lentil

BAHAN-BAHAN:
- 2 sudu besar minyak zaitun
- 1 cawan bawang besar dipotong dadu
- 2 ulas bawang putih, dikisar
- 1/2 cawan pepperoni potong dadu
- 1 cawan lentil kering, bilas dan toskan
- 8 cawan air rebusan ayam atau sayur
- 1 sudu teh jintan kisar
- 1/2 sudu teh paprika salai
- Garam dan lada sulah secukup rasa
- Baji lemon segar untuk dihidangkan

ARAHAN:
a) Dalam periuk sup besar, panaskan minyak zaitun di atas api sederhana. Masukkan bawang besar dan masak hingga empuk.
b) Masukkan bawang putih kisar dan lada sulah. Masak selama 2 minit tambahan.
c) Kacau dalam lentil kering, sup, jintan halus, paprika salai, garam, dan lada sulah.
d) Didihkan, kemudian kecilkan api dan renehkan sehingga lentil lembut.
e) Hidangkan panas dengan hirisan lemon segar.

85.Sup Barli Lada dan Cendawan

BAHAN-BAHAN:
- 2 sudu besar minyak zaitun
- 1 cawan bawang besar dipotong dadu
- 1 cawan saderi potong dadu
- 1 cawan lobak merah potong dadu
- 2 ulas bawang putih, dikisar
- 1/2 cawan pepperoni potong dadu
- 8 oz cendawan, dihiris
- 1 cawan barli mutiara, dibilas
- 8 cawan sup daging lembu atau sayur-sayuran
- 1 sudu teh thyme kering
- Garam dan lada sulah secukup rasa

ARAHAN:
a) Dalam periuk besar, panaskan minyak zaitun dengan api sederhana. Masukkan bawang besar, saderi, lobak merah, dan bawang putih. Masak sehingga sayur empuk.
b) Masukkan pepperoni potong dadu dan cendawan yang dihiris. Masak selama 3-5 minit lagi.
c) Kacau dalam barli mutiara, sup, thyme kering, garam, dan lada. Bawa hingga mendidih.
d) Reneh selama kira-kira 40-45 minit atau sehingga barli empuk.
e) Hidangkan panas.

86. Sup Escarole Lada Putih dan Kacang Putih

BAHAN-BAHAN:
- 2 sudu besar minyak zaitun
- 1 cawan bawang besar dipotong dadu
- 2 ulas bawang putih, dikisar
- 1/2 cawan pepperoni potong dadu
- 1 tandan escarole, dicincang
- 2 tin (15 oz setiap satu) kacang cannellini, toskan dan bilas
- 8 cawan air rebusan ayam atau sayur
- 1 sudu teh rosemary kering
- Garam dan lada sulah secukup rasa

ARAHAN:
a) Dalam periuk sup, panaskan minyak zaitun dengan api sederhana. Masukkan bawang dan masak sehingga lut sinar.
b) Masukkan bawang putih kisar dan lada sulah. Masak selama 2 minit tambahan.
c) Kacau dalam escarole cincang, kacang cannellini, sup, rosemary kering, garam, dan lada.
d) Biarkan mendidih dan masak selama kira-kira 15-20 minit.
e) Hidangkan panas.

87. Sup Pepperoni dan Tortellini

BAHAN-BAHAN:
- 2 sudu besar minyak zaitun
- 1 cawan bawang besar dipotong dadu
- 2 ulas bawang putih, dikisar
- 1/2 cawan pepperoni potong dadu
- 6 cawan air rebusan ayam
- 1 pakej (kira-kira 20 oz) keju tortellini
- 1 tin (14 oz) tomato dipotong dadu
- 1 sudu teh perasa Itali kering
- Garam dan lada sulah secukup rasa
- Basil segar untuk hiasan

ARAHAN:

a) Dalam periuk besar, panaskan minyak zaitun dengan api sederhana. Masukkan bawang besar dan masak hingga empuk.

b) Masukkan bawang putih kisar dan lada sulah. Masak selama 2 minit tambahan.

c) Tuangkan air rebusan ayam dan biarkan mendidih. Tambah keju tortellini dan masak mengikut arahan pakej.

d) Kacau dalam tomato dadu, perasa Itali kering, garam dan lada sulah.

e) Reneh selama 5-7 minit. Hiaskan dengan selasih segar sebelum dihidangkan.

88. Sup Orzo Lada dan Bayam

BAHAN-BAHAN:
- 2 sudu besar minyak zaitun
- 1 cawan bawang besar dipotong dadu
- 2 ulas bawang putih, dikisar
- 1/2 cawan pepperoni potong dadu
- 1 cawan orzo pasta
- 8 cawan air rebusan ayam atau sayur
- 4 cawan daun bayam segar
- 1/2 cawan keju Parmesan parut
- Garam dan lada sulah secukup rasa

ARAHAN:
a) Dalam periuk sup, panaskan minyak zaitun dengan api sederhana. Masukkan bawang dan masak sehingga lut sinar.
b) Masukkan bawang putih kisar dan lada sulah. Masak selama 2 minit tambahan.
c) Masukkan pasta orzo dan sup. Didihkan dan reneh sehingga orzo masak.
d) Masukkan bayam segar dan masak sehingga layu.
e) Perasakan dengan garam dan lada sulah, dan kacau dengan keju Parmesan parut sebelum dihidangkan.

SALAD

89.Salad Tortellini

BAHAN-BAHAN:
- 1 paket tortellini keju tiga warna
- ½ cawan pepperoni potong dadu
- ¼ cawan daun bawang yang dihiris
- 1 lada benggala hijau dipotong dadu
- 1 cawan tomato ceri separuh
- 1¼ cawan buah zaitun Kalamata yang dihiris
- ¾ cawan hati articok perap cincang
- 6 auns keju mozzarella potong dadu
- ⅓ cawan sos Itali

ARAHAN:

a) Masak tortellini mengikut arahan pakej, kemudian toskan.

b) Tolak tortellini dengan baki bahan, tidak termasuk sos, dalam mangkuk adunan yang besar.

c) Siramkan dressing di atas.

d) Ketepikan selama 2 jam untuk menyejukkan.

90. Salad Wonton Antipasto

BAHAN-BAHAN:
- 4 cawan campuran hijau
- 1/4 cawan hirisan salami
- 1/4 cawan hirisan pepperoni
- 1/4 cawan hirisan keju provolone
- 1/4 cawan hirisan lada merah panggang
- 8 bungkus wonton, goreng dan cincang

PERSALINAN:
- 2 sudu besar cuka wain merah
- 1 sudu besar minyak zaitun
- 1 ulas bawang putih, dikisar
- Garam dan lada sulah secukup rasa

ARAHAN:
a) Dalam mangkuk besar, gabungkan sayur-sayuran campuran, hirisan salami, hirisan pepperoni, hirisan keju provolon dan hirisan lada merah panggang.
b) Dalam mangkuk kecil, pukul bersama cuka wain merah, minyak zaitun, bawang putih cincang, garam dan lada untuk membuat pembalut.
c) Tuangkan dressing ke atas salad dan gaul hingga sebati.
d) Teratas dengan wonton goreng cincang.
e) Hidangkan segera.

91. Salad Pepperoni dan Pasta

BAHAN-BAHAN:
- 2 cawan pasta masak (seperti rotini atau fusilli), disejukkan
- 1/2 cawan pepperoni potong dadu
- 1/2 cawan tomato ceri, dibelah dua
- 1/4 cawan hirisan buah zaitun hitam
- 1/4 cawan timun dipotong dadu
- 1/4 cawan lada benggala merah dipotong dadu
- 1/4 cawan keju mozzarella yang dicincang
- berpakaian Itali
- Pasli segar untuk hiasan

ARAHAN:
a) Dalam mangkuk besar, satukan pasta yang telah dimasak, lada pepperoni yang dipotong dadu, tomato ceri, buah zaitun hitam, timun, lada benggala merah dan keju mozzarella yang dicincang.
b) Siram dengan sos Itali dan gaulkan hingga sebati.
c) Hiaskan dengan pasli segar sebelum dihidangkan.

92.Salad Pepperoni dan Caesar

BAHAN-BAHAN:
- 4 cawan daun salad romaine yang dicincang
- 1/2 cawan pepperoni potong dadu
- 1/4 cawan keju Parmesan parut
- 1/2 cawan crouton
- berpakaian Caesar
- Lada hitam yang baru dikisar

ARAHAN:
a) Dalam mangkuk besar, gabungkan salad romaine yang dicincang, pepperoni potong dadu, keju Parmesan parut dan crouton.
b) Siram dengan Caesar dressing dan toskan hingga rata.
c) Taburkan lada hitam yang baru dikisar di atasnya sebelum dihidangkan.

93.Salad Pepperoni dan Chickpea

BAHAN-BAHAN:
- 2 cawan campuran sayur salad
- 1/2 cawan pepperoni potong dadu
- 1 tin (15 oz) kacang ayam, toskan dan bilas
- 1/2 cawan tomato ceri, dibelah dua
- 1/4 cawan hirisan timun
- 1/4 cawan hirisan bawang merah
- Keju feta hancur
- berpakaian Yunani
- Buah zaitun Kalamata untuk hiasan

ARAHAN:
a) Dalam mangkuk besar, gabungkan sayur-sayuran salad campuran, pepperoni potong dadu, kacang ayam, tomato ceri, timun dan bawang merah.
b) Taburkan dengan crumble keju feta dan gerimis dengan dressing Greek. Tos hingga sebati.
c) Hiaskan dengan buah zaitun Kalamata sebelum dihidangkan.

94. Salad Caprese Pepperoni dan Avocado

BAHAN-BAHAN:
- 4 cawan campuran sayur salad
- 1/2 cawan pepperoni potong dadu
- 1 cawan tomato ceri, dibelah dua
- 1 buah alpukat, potong dadu
- 1/2 cawan bebola mozzarella segar
- Sayu balsamic
- Daun selasih segar untuk hiasan

ARAHAN:
a) Dalam mangkuk besar, gabungkan sayur salad campuran, pepperoni potong dadu, tomato ceri, alpukat potong dadu dan bebola mozzarella segar.
b) Gerimis dengan balsamic glaze dan toskan perlahan-lahan untuk sebati.
c) Hiaskan dengan daun selasih segar sebelum dihidangkan.

95.Salad Pepperoni dan Quinoa

BAHAN-BAHAN:
- 2 cawan quinoa masak, disejukkan
- 1/2 cawan pepperoni potong dadu
- 1/2 cawan timun, potong dadu
- 1/2 cawan tomato ceri, dibelah dua
- 1/4 cawan bawang merah, dicincang halus
- 1/4 cawan keju feta hancur
- Perban vinaigrette lemon
- Pasli segar untuk hiasan

ARAHAN:
a) Dalam mangkuk besar, gabungkan quinoa yang telah dimasak, pepperoni potong dadu, timun, tomato ceri, bawang merah dan keju feta yang hancur.
b) Siram dengan dressing vinaigrette lemon dan gaulkan hingga sebati.
c) Hiaskan dengan pasli segar sebelum dihidangkan.

96.Salad Strawberi Lada dan Bayam

BAHAN-BAHAN:
- 4 cawan bayi bayam
- 1/2 cawan pepperoni potong dadu
- 1 cawan strawberi segar, dihiris
- 1/4 cawan hirisan badam
- Keju feta hancur
- Balsamic vinaigrette dressing

ARAHAN:
a) Dalam mangkuk besar, satukan bayam bayi, pepperoni potong dadu, strawberi yang dihiris, badam yang dihiris dan serpihan keju feta.
b) Siram dengan balsamic vinaigrette dressing dan toskan perlahan-lahan hingga sebati.

97.Salad Greek Pepperoni dan Chickpea

BAHAN-BAHAN:
- 4 cawan daun salad romaine yang dicincang
- 1/2 cawan pepperoni potong dadu
- 1 tin (15 oz) kacang ayam, toskan dan bilas
- 1/2 cawan tomato ceri, dibelah dua
- 1/4 cawan hirisan timun
- 1/4 cawan hirisan bawang merah
- buah zaitun Kalamata
- Keju feta hancur
- berpakaian Yunani

ARAHAN:
a) Dalam mangkuk besar, satukan daun salad romaine yang dicincang, pepperoni potong dadu, kacang ayam, tomato ceri, timun, bawang merah, buah zaitun Kalamata dan serpihan keju feta.
b) Siram dengan dressing Greek dan toskan perlahan-lahan untuk sebati.

PENJERAHAN

98. Pepperoni dan Kulit Coklat

BAHAN-BAHAN:
- Coklat gelap atau coklat susu, cair
- hirisan mini pepperoni
- pretzel dihancurkan
- Kacang cincang (pilihan)

ARAHAN:
a) Lapik loyang dengan kertas parchment.
b) Tuangkan coklat cair ke atas kertas parchment, ratakan.
c) Taburkan hirisan pepperoni mini, pretzel yang dihancurkan dan kacang cincang di atas coklat.
d) Biarkan coklat tersusun di dalam peti sejuk.
e) Setelah ditetapkan, pecahkan kulit kayu dan nikmati snek manis dan berperisa ini.

99. Maple Pepperoni Cupcakes

BAHAN-BAHAN:
- Adunan kek cawan pilihan anda
- pembekuan maple
- Pepperoni masak rangup untuk hiasan

ARAHAN:
a) Bakar kek cawan kegemaran anda mengikut resipi atau kotak
b) Setelah sejuk, bekukan kek cawan dengan pembekuan maple.
c) Hiaskan setiap kek cawan dengan sekeping pepperoni masak rangup.

100.Kek Pizza Pepperoni

BAHAN-BAHAN:
- 2 tin (13.8 oz) kerak Pizza yang disejukkan
- 1 1/2 cawan sos pizza (dari tin 15-oz)
- 3 cawan keju mozzarella yang dicincang (12 oz)
- 1 cawan hirisan pepperoni
- 1 sudu besar mentega, jika mahu

ARAHAN:
a) Panaskan ketuhar hingga 400°F. Semburkan sedikit kepingan biskut besar dengan semburan masak atau gerimis dengan minyak zaitun.

b) Ukur diameter kuali kalis ketuhar bersisi tinggi. (Loyang yang digunakan ialah diameter 6 inci dengan sisi tinggi 4 inci.) Buka gulungan 1 tin doh ke atas permukaan kerja; tekan ke dalam lapisan nipis. Potong 3 (6 inci) pusingan; letak pada lembaran biskut. Bakar 8 minit. Keluarkan dari helaian kuki ke rak penyejukan; sejuk.

c) Buka gulungan baki doh; potong 2 pusingan tambahan (6 inci) dari tepi panjang doh, biarkan bahagian bertentangan tidak disentuh. Letakkan bulatan pada helaian kuki yang telah disejukkan. Bakar 8 minit. Keluarkan dari helaian kuki; sejuk.

d) Sementara itu, alaskan kuali dengan kertas minyak masak supaya hujung kertas melekat dan keluar dari kuali. Potong jalur panjang doh sekurang-kurangnya 1/2 inci lebih lebar daripada ketinggian kuali. Lapiskan jalur panjang doh dengan berhati-hati di sekeliling tepi dalam kuali ke garisan, biarkan 1/2 inci tergantung di tepi luar kuali dan bahagian bawah kuali terbuka. Cubit jahitan untuk mengelak.

e) Berhati-hati letakkan 1 kerak bulat yang dibakar separa di bahagian bawah kuali. Sapukan sos pizza ke atas kerak; atas dengan hirisan pepperoni dan taburkan dengan keju mozzarella (apabila keju cair, kerak di atas akan melekat padanya). Ulang untuk membuat 3 lapisan lagi. Untuk lapisan atas, letakkan kerak terakhir di atas keju; taburkan baki keju dan susun baki pepperoni di atas.

f) Lipat doh yang tergantung di atas lapisan atas kek pizza untuk membuat tepi kerak terangkat.
g) Bakar 20 hingga 25 minit atau sehingga doh di sekeliling kek pizza masak sepenuhnya.
h) Setelah masak sepenuhnya, sejukkan dalam kuali 5 minit. Keluarkan kek pizza dari kuali; sapu kerak dengan mentega. Gunakan pisau tajam untuk memotong kepingan seperti anda memotong kek.

KESIMPULAN

Semasa kami mengakhiri penerokaan kami ke dalam dunia pepperoni yang pedas, kami berharap anda telah menikmati pelbagai resipi yang pelbagai dan lazat yang dibentangkan dalam "Buku Masakan Pepperoni Lengkap." Daripada kegemaran klasik dengan kelainan kepada ciptaan yang berani dan inventif, koleksi ini merupakan bukti kepelbagaian dan daya tarikan pepperoni yang abadi di dapur.

Sambil anda bereksperimen dengan 100 resipi ini, semoga anda menemui cara baharu untuk menyemai hidangan anda dengan rasa berani daging yang diawetkan ini. Sama ada anda telah memilih untuk mencipta karya agung bertatahkan pepperoni yang mengagumkan atau memilih untuk menambah baik makanan keselesaan kegemaran anda secara halus, kami percaya bahawa pengembaraan masakan anda telah menarik dan memuaskan.

Sambil anda menikmati suapan terakhir ciptaan anda yang diselitkan pepperoni, kami berharap buku masakan ini telah memberi inspirasi kepada anda untuk terus menerobos sempadan kreativiti masakan anda. Daripada perhimpunan keluarga hingga malam yang selesa, biarkan dunia pepperoni yang pedas terus menambah keseronokan dan rasa pada hidangan anda.

Inilah perjalanan yang penuh rasa, dan semoga dapur anda selama-lamanya dipenuhi dengan aroma menggoda hidangan berinspirasikan pepperoni!

www.ingramcontent.com/pod-product-compliance
Lightning Source LLC
Chambersburg PA
CBHW071822110526
44591CB00011B/1190